Assessing with Respect
Starr Sackstein

成績だけが評価じゃない

感情と社会性を育む（SEL）ための評価

スター・サックシュタイン

中井悠加・山本佐江・吉田新一郎 訳

新評論

訳者まえがき

　長く教師として勤務すると、かかわった子どもの数も膨大なものになります。10年で200〜300人に出会うとすると、私の教師生活30年の間に1,000人近くの子どもたちと密接にかかわったことになります。そのなかで、顔と名前をはっきりと覚えているのはどういう子どもなのかと振り返ってみました。

　心のなかに生き生きと浮かんでくるのは、学習が得意だった子どもや運動神経抜群の子どもではありません。どこか、一抹の悲しさを秘めた子どもであり、口数が多くなかった子どもです。いつも宿題をやってこず、持ち物も忘れてくるので注意ばかりしていたK君、いつだったか、真っ黒に汚れた手に石けんをつけてていねいに洗ってあげていたとき、彼が言いました。「先生、僕のことあんまり怒らないでね」

　M君は勉強が苦手で、授業中にできなかった課題を、放課後の「居残り勉強」でよくやっていました。そんなときでも、常にニコニコと取り組んでいました。

　毎日、遅刻をしてくるN君、放課後にお店のものを盗んでしまいました。教室で話を聞いて初めて分かったのは、毎晩、仕事の都合でお母さんの帰りが遅くて、お母さんの顔をゆっくり見られるのは朝しかないということでした。

　Ｉ君は、休み時間になると真っ先に飛びだしていって元気いっぱいのように見えましたが、実は病気を抱えていて、時々入院していました。Ｉ君が「一番好き」と言っていた体育を、私も大好きになりたいと切実に思ったものです。

　今も、胸が苦しくなるような思い出ばかりです。教室の前に立って授業をしているときや、子どもに成績をつけたり、評価したりしているとき、このような子どもの感情を十分に尊重せず、「〜ねばならぬ」とか「〜でなくてはいけない」などと勝手に決めていたルールに自らが縛られていたのではないかと、深く反省するばかりです。

　当時は、教師としてのこだわりをもって子どもに向かいあっていました。しかし、そのような頑なな自分がまちがっていることにも薄々気づいていました。

　では、どうしてそのときは広い心をもって対処できなかったのでしょうか。今思えば、子どもの感情を尊重するということの意味が分かっていなかったのです。感情を尊重し、一人ひとりの子どもに敬意を払って、目の前にいる子どもだけでなく、周りの子どもも巻きこんだ温かな人間関係を築きあげる方法を知らなかったのです。

　一般的な評価の場面のみならず、教室でのあらゆる機会を利用して、感情と社会性を高めるためのさまざまな方法について書かれている本書に、もっと早く出合いたかったと思います。しかし、自分のなかにあるモヤモヤとした感情を振り返らなければ本当の出合いはなかったと思います。

　実は、自分の過去を振り返りながら本書の翻訳を進めていきました。著者のサックシュタインさんも、自身の育ちや家族のこと、教師生活などの過去をあからさまに振り返る形で本書にたくさんの事例を提供しています。

　はっきりとした出来事は覚えていなくても、子どもの心のなかにも、教師の心のなかにも「感情」は消えることはありません。とくに傷ついた感情は、将来にわたって消えないでしょう。この事実を踏まえておきたいものです。

　学ぶことを通して、評価が子ども一人ひとりの尊厳を高め、感情と社会性のスキルを磨くことにつながるような教室や学校が数多く生まれることを願って本書を訳しました。ぜひ、ご自身を振り返りながら読んでみてください。

　最後になりましたが、原稿の段階で目を通して、たくさんの有意義なフィードバックを提供してくださった、古賀洋一さん、Mark Christianson さん、椿山美紀さん、藤原宙光さん、山田洋平さん、横山喬一さん、吉沢郁生さん、そして本書を読者のみなさんに届くようと尽力していただいた武市一幸さんをはじめとする株式会社新評論のみなさんに深く感謝します。

2022年12月

訳者を代表して　山本佐江

も く じ

成績だけが評価じゃない
——感情と社会性を育む（SEL）ための評価——

Starr Sackstein
ASSESSING with RESPECT
Everyday Practices That Meet Students'
Social and Emotional Needs
Copyright © 2021 ASCD

はじめに

向きあうものすべてを変えられるわけではない。しかし、向きあわないと何も変えられない。

（ジェームズ・ボールドウィン）[1]

　本書の執筆を引き受けたとき、いうまでもなく世の中の様子は現在と違っていました。私は、「評価」と生徒の「感情と社会性」のニーズを結びつける必要性を強く感じていましたが、全世界がたった数か月でこのように変化するとは予測できませんでした。

　新型コロナウイルスの流行によって「ソーシャル・ディスタンス」の生活を強いられたことは、驚くべき体験となりました。未知のものへの不安、愛する人々に抱く不安、息子や同僚たちへの心配など、時には一時間のうちにさまざまな感情を抱くこともありました。また、自分の力ではどうにもならないという状況、やる気が出てこないというときもありました。

　私は比較的恵まれた環境で育ちましたし、今も恵まれています。しかし、これまで生きてきたなかで「重大な障がい」と思えるような試練もありました。表面的には穏やかに過ごしていましたし、実は荒れていた私の家庭環境に関しては一生懸命隠していましたので、教師たちはおそらく知らなかったでしょう。

---

[1] （James Arthur Baldwin, 1924〜1987）アメリカの黒人作家、公民権運動家です。

　学校は、家庭での辛い状態から逃れるための聖域でした。郵便番号で分かるほどの裕福な地域で私は育ち[2]、そのうえ、両親が健在で家庭からのサポートがあったにもかかわらず、困難な状況にあったのです。

　現在では、いくつかの電子機器や車、家をもっています。インターネットにアクセスして、十分な食料も手に入れています。そして、健康に恵まれており、支えてくれる家族がいます。私にとって仕事は欠かせないものであり、安全な状態で自宅からオンラインで取り組めています。

　それでも、書けない状況に陥ってしまいました。おそらく、食事や睡眠がこれまでのように十分とれていないことが仕事に影響しているのでしょう。書くことは、私にとって安定剤であり、容易な作業でしたが、どうやら「当たり前のこと」とは言えないような状態になりました。簡単に手に入ってしまうとその価値に気づかないように。

　この経験を通して、私は「書け」と言われてもそう簡単には書けないときの生徒の心情を思い浮かべました。つまり、書きたくても書けない、と感じているのではないかと考えたわけです。

　私たちの生徒、同僚、そしてその家族のなかには、「手に入るのが当然」という恩恵を受けていない人がいるかもしれません。お互いにどのようにかかわるのかについては、上から目線で判断するのではなく、共感と配慮に基づいたものでなければなりません。

　仮に、共感し、他者の経験を真に理解しようと努めたとしても、有色人種を含む多くの人々が直面してきた「困難の深さ」が知的な理解を超えているという事実を私たちは認識する必要があります。私たちは、疑問をもち続け、好奇心を抱き続け、仲間のより良いサポーターや味方になれるように努力していかなければならないのです。

　一人の教師として、時には母親として、そして人として、学校システムがすべての学習者のニーズにこたえようとしてもできない様子を見てきました。また、研修も含めて十分なサポートが得られていないために、すべての生徒に対して適切な教育が施されていないという実態もあります。これらは、家庭や教師のせいではなく、長きにわたってアメリカの学校を蝕んでいる教育制度の問題なのです。

　新型コロナの流行は、これまで十分に認識されていなかった「部屋の中の象」(3)に光を当てたのです。

　私たち教師は、生徒の学習を支援するために時間を費やしているわけですが、学びがどのようにして、なぜ起こるのかという側面については、必ずしもすべての面を考慮してきたわけではありません。それでは、すべての生徒が本物で意味のある学

---

(2)　アメリカでは、郵便番号でどのような地域に住んでいるのかおおよそ見当がつきます。
(3)　その場にいる人がみんな認識しているのに、あえて触れることを避けているタブーとなる話題や重大な問題のことを指します。著者はアメリカの状況について書いているわけですが、これ以後の段落に書かれていることも含めて、日本の学校制度にも同様の問題がたくさんあることが明らかになりました。

習をするための最適な条件とは何でしょうか？

　あらゆる段階の教師として、また制度としても、すべての子どもにとって価値のあるニーズに、できるかぎり公平に[4]対応するようにしていると、どうすれば確認できるでしょうか？　私たちは、自分自身の恵まれた立場を考慮してきたでしょうか？　また、そうした立場が、もっともサポートを必要としている人たちを助ける方法にどのような影響を与えているのかと考えてきたでしょうか？　私たちは、誰の声に、どのような理由で耳を傾けているのでしょうか？

　私たちが生徒を評価する方法を思い浮かべれば、何を重視しているのかがよく分かります。また、それを重視すれば誰が一番得をするのかという点についても分かります。

　誰が意思決定をしているのか、そしてその決定が、生徒を評価し、レッテルを貼り、彼らを無気力にしてしまうプロセスをつくりだす方法にどのような影響を与えているのかについて、教師として認識しなければなりません。

　言い換えれば、生徒にレッテルを貼ってしまうと、彼らに固定観念をもたせてしまい、時にはそのレッテルが剥がせなくなってしまうということです。

　生徒は、教師の話すことを聞き、それを自分のなかに取りこみ、良くも悪くも「これが自分だ」と信じこんでしまいます[5]。

　本書は管理職と教師などといった教育者を対象にしたものですが、その目的は、「感情と社会性の学習（SEL）」[6]を教科内容に組みこんで評価をする場合に、最適となる評価について検証するときの手助けです。そして、その結果、すべての生徒が

学習に対する前向きな気質[7]を育み、学校と教育の制度が一人ひとりの学びの尊厳を保障することを目指します。

　たとえ教育を管理する際の効率化であっても、テストや成績を使って子どもを序列化してはいけません。また、「将来、あなたはリーダーという立場に就くとよい」とか「あなたは従属的な役割が向いている」などと社会的なヒエラルキー（階層）を指定するようなことを言ってもいけません。

　子どもたちを丸ごと見取り、彼らが人生の目標を達成するための最善策が見つけられるように手助けをする、それが教師としての私たちの責任です[8]。

---

(4) 平等と公平（公正）の違いについて考えたことはありますか？　原語は「equitably」です。日本の教育では「平等（equal/equality）」が強調されていますが、本来求められているのは「公平」や「公正」ではないでしょうか？　右の QR コードを参照してください。

(5) 教師は評価にかぎらず、使う言葉によっても日々刻刻、生徒のアイデンティティーを形成しています。『言葉を選ぶ、授業が変わる！』をぜひ参照ください。

(6) これについては、8〜11ページに「五つのスキル」として詳しく紹介されています。伝統的に、教科指導の知的な面と「対人関係と感情」は相容れないと捉えられていますが、脳の機能からもそれらは分かち難いものであることが明らかになっています。ここからは「SEL」と表記します。詳しくは、『感情と社会性を育む学び（SEL）』、『学びはすべて SEL』、『エンゲージ・ティーチング──SEL を成功に導くための 5 つの要素』（仮題）などを参照してください。

(7) 原語は「disposition」です。一般的には「気質、傾向、性質、心性などと訳されます。ここでは、子どもが無意識のうちにとる態度や考え方、癖などを指すととらえてください。詳しくは68〜77ページを参照してください。

(8) 教師の責任を実現する具体的なヒントを、『だから、みんなが羽ばたいて』、『一人ひとりを大切にする学校』、『あなたの授業力はどのくらい？──デキる教師の七つの指標』などが与えてくれます。

　本書を著すにあたって、SELをクリティカル[9]に研究している人々の存在を知りましたが、とても役立ちました。コモンコア[10]を念頭に置きながら、SELのスキルに関する基準を策定しようとすると、「自己管理能力（Self-management）」や「調節（regulation）」などといった言葉の定義が人によって異なっているために問題が生じます。もちろん、教師としては、自分が読んだり行ったりしたことをクリティカルに検証するという視点をもつ必要があります。

　自分がかかわっている社会的弱者への「名づけ」[11]がどのように影響するのかについて考え、これ以上の害を及ぼさないように努力しなければなりません。

　私は、オルタナティブ・アセスメント[12]とアセスメント改革にかかわってきた経験およびSELに関する研究から、これらの領域が重なる部分をさらに深く掘り下げる必要のあることを知りました。そして、研究を進めるなかで、核となる五つのSELに出合いました。

　以下に紹介するこれらのスキルは、教科指導とSEL（感情と社会性の学習）の統合を推進する目的で1994年に設立された非営利団体「Collaborative for Academic, Social, and Emotional Learning ＝ CASEL」によってまとめられたものです［参考文献10］。

自己認識とは――自分の感情を認識し、それに名前をつけ、その感情が自分の学習、他者とのつながり、自分の反応などにどのような影響を与えるのかを特定する能力です。評価の観点で

は、自己認識は振り返りの形で現れ、生徒自らが学びとったことを根拠にして、知っていること、できることを表現する能力です[13]。生徒自身が自らの学習状況を理解すれば、自分が何を必要としているのかについて教師に伝えられます。

自己管理能力とは——自分の感情を調節し、整理して、自らを動機づける能力です。ここでは、目標設定と結果責任について考えます。振り返りのなかで、生徒は自らの形成的な学習経験からのフィードバックを受け取り、次の目標設定にいかせます。

　このようにして私たちは、学習状況を把握し、目標を設定し、自己評価への理解を深めるように生徒を指導しています。

---

(9)　「批判的」と訳されがちですが、それが占める割合はせいぜい4分の1～3分の1で、より多くは「大切なものを選び取る力」と「大切でないものは排除する力」が占めています。

(10)　2010年に州知事と州教育長の連合が作成した「各州共通基礎スタンダード（Common Core State Standards）」が、アメリカのほとんどの州で採用されています。アメリカの教育は州や教育委員会の地方分権が徹底されているので、国がつくるわけにはいきません。日本の学習指導要領に当たるものですが、その内容を比較したら面白いと思います。

(11)　その意味や存在を理解したり、解釈したりすることです。「名づけ」については、『言葉を選ぶ、授業が変わる！』で詳しく説明されています。

(12)　テスト中心の評価への対抗軸として生まれたパフォーマンス評価やポートフォリオなどの評価法です。

(13)　ここで注意が必要なのは、すべての生徒が同じ方法（たとえば、テスト）で理解したことやできるようになったことを最善の形で表現できるのか、という点です。もちろん、理解やできるようになる過程を選べる選択肢が提供されているのか、という問いにもつながります。つまり、「学び方を学ぶ」ことの大切さです。それが考慮されていないと、次の文にもうまくつながりません。

社会認識とは——他者の視点をもって、他者に共感する能力です。また、文化的な認識と多様性にもかかわるものであり、さらに教育の場合は公平性（公正）の問題ともなります。評価の領域では、クラスメイトからのフィードバックと相互評価が含まれます。

　生徒がお互いに協力しあい、より良い学習環境が構築できるように指導するときは、少し難しい会話ができるような空間をつくって、私たち全員が学習者として成長できるようにします[14]。また、他人の対応やフィードバックの仕方について言えば、その人を丸ごと理解していく必要があります。

対人関係とは——私たちを互いに結びつける、持続可能で健全な人間関係の形成です。この能力において鍵となるのは、コラボレーション（協働）とコミュニケーションです。とくに評価にかかわる会話のなかでは、いかに協力して一緒に取り組めるようにするのか、つまり問題を解決するための方法を提供するといった形で生徒が共感し、理解するために、お互いの声に耳を傾けるようにしなければなりません。

　こうした関係性のスキルを深く学ぶ機会を何度も設けて、雰囲気づくりを行うなどして、将来、一緒に働く人たちとのコミュニケーションが円滑になるための準備をします。

責任ある意思決定とは——状況を把握し、起こりうる結果を検討しつつ適切な選択をすることです。問題を特定し、複数の解決方法を考え、そのなかから一つを選んで行動を起こします。

　この能力を評価するためには、生徒が何をしなければならないかを見定め、より良い選択ができるような機会を提供する必要があります。生徒の意見が一致しないときに介入するのではなく、意見の相違を自分たちで解決させて、その会話がどのように学習を改善したり、妨げたりしたかについて振り返ってもらいます。

　さらに、この能力はプロジェクト学習[15]の一環となりますので、単に時間を管理するだけでなく、各チームが目標を達成するように配慮します。

　SELの核となる能力は、学習するときを含めて、生きていくうえで不可欠となる「思考の習慣[16]」［参考文献11、12］として研究者が提示しているものです。それらはすべて教えられますし、教えられるべきものです。また、誰にも居場所があるクラスを築くために、すべての年齢層の生徒と接する際には不可欠な要素となります。

　二人の教育コンサルタントが著した『生徒の尊厳を大切にした居場所のある教室づくり（Belonging Through a Culture of

---

⒁　容易なことではありませんが、次の対人関係のスキルを磨くことも含めて、『学習会話を育む』や『最高の授業』を参考にしてください。次の文に関しては、『ピア・フィードバック』が参考になります。

⒂　現実社会に本当に存在する複雑な疑問や問題に対して、一定の時間をかけて取り組み、探究することで、その過程で必要な知識やスキルや態度を自主的かつ主体的に習得し、課題を発見解決する学習方法を指します。『プロジェクト学習とは』を参照してください。

⒃　「思考の習慣（Habits of Minds）」については、69ページの表2－4および『学びの中心はやっぱり生徒だ』（仮題）を参照してください。

Dignity）』［参考文献９］[17]のなかで「尊厳の枠組み」が紹介され
ています。ひとたび生徒のニーズを見極め、帰属意識の高い文
化を築き、教える側だけでなく、教える相手の尊厳が尊重でき
れば、生徒は力を発揮して、より評価が理解されるような学習
環境が築けるのです。

　本書では、第１章から第４章までにおいて「CASEL」の能
力を取り上げ、その内容と、生徒の感情と社会性のウェル・ビ
ーイング[18]を促進しながら、子どもたちの学びをより良く評価
するために学校がすべきこと、そしてそれらの能力との重なり
を説明していきます。
　また、各章では、単元末のテストや総括的な文章課題だけで
なく、継続的に行われる日々の形成的評価も含まれていること
を念頭に置いて、全人教育[19]とその評価の経験を築くための授
業のあり方を紹介していきます。さらに、第５章では成績につ
いて、第６章では個別の評価について取り上げています。

　評価とは、固定的なものではなく活動です。すべての生徒が
必要なものを得ていると確認するために、継続的に取り組む形
成的なプロセスであることを忘れてはいけません。日常的に生
徒の学習を評価するというのは、いうまでもなく教師の責任で
す。これは、教師だけでなく生徒にとっても重要です。
　生徒は、自分が何を知っているのか、何ができるのか、そし
てそれをどのように学んだのかについて話し合う必要がありま
す。一方、教師は、すべての生徒が効果的に学習できるように

指導をうまくやっているのか、何を修正し、何を改善する必要があるのかについて知る必要があります。

　テストに表れるような成績は、評価全体のごく一部分でしかありません。目につきやすいため思わず重要視してしまいますが、ほんの些細な部分でしかないのです。このような総括的なものでは、子どもが何を知っていて、何ができるのかは明らかになりません。さらに悪いことに、その後の学習に役立つことはまずありません。

　フィードバック、振り返り、そして生徒一人ひとりのニーズを考慮した学習アプローチ⒇こそが効果的な学習者を育てるのです。このような学び方であれば、生徒が新しい知識やフィードバックを適用し、練習し、目標を設定し、教師やクラスメイトの助けを借りながら、スキルや内容についての知識を習得する機会が継続的に提供されます。これらの取り組みこそが、私たちが重視すべきことなのです。

⒄　この本は未邦訳のため、日本のニーズにマッチしている『「居場所」のある学級・学校づくり』を参照してください。

⒅　健康で幸福であり、肉体的にも精神的にも社会的にもすべて満たされた状態をいいます。

⒆　日本において大正時代から言われている「全人教育」とは出発点が違います。「whole-child learning」ないし「whole-child education」と呼ばれています。教科の学習だけでなく、感情と社会性の発達など、子どもの成長を全体的に支援する学びを指します。

⒇　これについては、『ようこそ、一人ひとりをいかす教室へ』、『学びの中心はやっぱり生徒だ』（仮題）、『だから、みんなが羽ばたいて』（仮題）、および「作家の時間　オススメ図書」で検索して見られるリストを参照してください。

第 1 章

信頼できるだけの人間関係を築いて学びをサポートする

　生徒のなかには、学ぶことを楽しめず、「ゾッとする」と思っている人がいるかもしれません。また、生徒の基本的なニーズが満たされていないと、学習がうまくいく可能性が著しく低下してしまいます。

　すべての生徒が目標を達成するために、教師と学校コミュニティーは、生徒の表面的なニーズだけでなく、学習にさまざまな影響を与える感情と社会性のニーズをより深く理解して、両者のつながりを深める必要があります。

「教室の人間関係が学習の鍵である」、あまりにも当たり前のことですが、真実であるがゆえにクラス内の感情と社会性が重要なのです。生徒が目標を達成するためには、意図的に対人関係を構築する方法を教え、それらが身につくように練習する必要があります。

　信頼関係がもたらす本来のメリットはもちろん、素晴らしい対人関係を築いている教室や学校(1)では、評価をきちんと受け入れる学習者を育てています。彼らは、教室での学習をやり遂

---

(1)　これを実現するためには、『「居場所」のある学級・学校づくり』と『一人ひとりを大切にする学校』が参考になります。

げたうえでクラスでの話し合いに積極的に参加し、基準以上の知識やスキルを身につけていきます。このように、従来のような目標達成だけではなく、最高の姿が実現できる可能性があるのです。

対人関係を重視した教室では、強い好奇心を抱いたり、すべての生徒と教師が得意としていることの活用を可能にします。また、質の高い対人関係が築けると積極的に新しい目標に向かって挑戦できるようになるので、生徒はより深く学べます。学習するにおいて、失敗を恐れず、大胆に挑戦しているかによって、年間を通して評価の内容や実施方法が変わるのです[2]。

生徒との関係を築くためには、教師自身がどのような偏見をもっているのか、それが生徒と接する際にどのように影響しているのかなど、自らを探っていく必要があります。自分が何を知っていて、何に価値を置いているのか、また、どのようにして自分の信念を表現しているのかについて深く見つめ直しさえすれば、かかわるすべての人とより良い関係を築くこと、つまりより共感的で譲りあえる関係[3]の構築、およびその模範を生徒や保護者に示すことができます。

本章では、CASEL の核となる能力である「対人関係スキル」と「社会認識」を取り上げますが、CASEL が発行している出版物では、対人関係スキルを次のように定義しています。

お互いにサポートしあう健全な対人関係を築き、それを維持すると同時に、多様な人々や集団との関係性を効果的にや

り繰りする能力です。これには、以下のようなことが含まれます。

・明確に伝える。

・積極的に耳を傾ける。

・協力して問題を解決し、建設的に対立を解消する。

・家庭や地域の文化的な要求や機会など背景が異なっていてもそれを乗り越えていく。

・リーダーシップを発揮する。

・必要に応じて助けを求めたり提供したりする。

［参考文献10］

そして、社会認識については以下のように定義しています。

多様な背景、文化、状況をもつ人々を含めて他者の視点を理解し、共感する能力です。これには、次のようなことが含まれます。

・他者への思いやりをもつ。

・さまざまな場面において求められる行動には幅広い歴史的、社会的背景があると理解する。

・家族、学校、地域の資源やサポートを認識する。

［参考文献10］

---

(2)　これらについては、『一人ひとりをいかす評価』、『成績をハックする』、『聞くことから始めよう！』（仮題）、『あなたの授業が子どもと世界を変える！』を参照してください。

(3)　協力者から「『譲りあえる関係』という表現は新しいです。単純に『遠慮』や『配慮』という意味ではないと思うのですが……」というコメントがありました。譲るだけでなく、譲ってもらうことも含まれる関係です。

この二つの能力を一緒に取り上げれば、これらが互いに関連しており、補完的な特性をもっていることに気づけます。社会認識は対人関係スキルにおける基礎的な要素であり、対人関係を築けば社会認識は継続して発展させられます。

教師と生徒の関係

　教師と生徒の関係については、学校がはじまる前から、つまりその年以前に通っていた生徒たちの口コミによって広がっている場合があります。付き合いにくい教師は、そのとおりの評判となっています。

　教師は生徒と友達になるべきだとか、期待や態度について生徒と厳しく接するべきではない、と言いたいわけではありません。私たちの言動によって生徒たちがどのように感じるかが重要だと言っているのです。生徒が私たちを味方や擁護者として見るようになるためには、この視点がとくに大切となります。

　生徒は、教師が見せる表情（また、その表情によって何を達成してほしいと期待しているのか）をすぐに察します。本人が意図する／しないにかかわらず、「独裁者」と見せようとする教師は、生徒から恐れられ、完全には信用されていないといったことが予想されます。

　生徒が教師の専門知識を評価しないとか、教師から学んだことを認めないというわけではありません。しかし、プロの教師として生徒との良好な関係を築くためには、「気にかけているよ」といった姿勢を見せて、よく学べる態勢をつくりだそうと

している、と示す必要があります。

　私たちが、誠実で、率直で、熱心で、人間味のあるといった望ましい姿を手本として見せれば、生徒はそれにこたえてくれます。生徒一人ひとりとの関係を築くために、年度初めに時間をかけて、単に名前を覚えるだけでなく、一人ひとりに合わせた学習機会を増やせば[4]結果的に学習効果が高まります。

適切で信頼できる関係を築くための方法

　教師についてさまざまな噂を聞いていたとしても、やはり第一印象は重要です。可能であれば、学校がはじまる前に手紙を書き、共有している学習スペース[5]に生徒を招待します。彼らを歓迎して、何を期待しているのかを明確にします[6]。

　伝えたいメッセージが率直に伝わるような言葉を使って、自分の「教えたい」というワクワク感をはっきりと伝えましょう。また、必要に応じて、クラスでどのような学習が行われるのかを説明します。年長の生徒には、歓迎の手紙に授業計画を添付すれば、年間を通した学習範囲や評価との関連について確認し

---

(4)　協力者から「とても大切なことですが、とても難しいことでもあります。個別に最適な学習を提供できる環境、今少しずつ試行錯誤しています。『この生徒たちのニーズは満たされていない』という教師の意識と変化への意欲が最初のステップだと強く感じます」というコメントが届きました。一斉指導からどれだけ脱却できるのかが大きな鍵となります。

(5)　「教室」というハードだけではない意味が込められています。人間関係および時代からも、バーチャルなオンライン空間も含めた「学びの場」の広がりを感じます。

(6)　「ルール」を伝えるのではなく「期待」を伝えることがとても重要です。『生徒指導をハックする』第4章を参照してください。

てもらえます。私が高校生とその保護者に向けて書いた手紙を
例として挙げます。

　　生徒のみなさん、保護者のみなさん、こんにちは。
　　ようこそ、12年生（23ページの注参照）のクラスへ。
この最終学年は、生徒のみなさんにとっては、人生の次の
段階に向けて準備をする機会となります。とくに、将来ど
のような大学生になりたいのか、どのような大学生であり
たいのかについて真剣に考えるときとなります。これまで
の人間性や、どのような失敗をしてきたのかは関係ありま
せん。今年は、あなたがどのような人になるのかを確立す
る年となります。
　　みなさんが受講するAP（＊）文学のクラスは、人生にお
ける次の段階への挑戦と準備をする厳しいクラスです。
　　伝統的に、12年生は入学時から努力してすでにたくさ
ん学んできましたので、簡単だと思っている生徒がいるか
もしれませんが、私はそのようには思いません。せっかく
手に入れた「ほぼ自由な生活を満喫するな」とは言いませ
んが、怠けるのは好ましくないと思っています。独り立ち
するための準備をしてほしいのです。

　　みなさんが私の教室に来てくれることをとても楽しみに
しています。みなさんには、すべての課題の期日が書かれ
たシラバスを添付します。授業の初日に確認しますが、こ
のスケジュールに従って進めていきます。

　最小限のリマインダーでスケジュールを守ることが、来年、あなたが大学生になったときに期待されることです。大人として、あなたは自分の選択とするべきことに責任をもたなければなりません。年度初めに、あなたと最初に話をしたあと保護者の方に連絡をとって、誤解や思い違いがないかなどを確認し、この手紙で述べた私の期待について保護者から了解をとります。

　私はみなさんを大学生のように扱いたいと思っていますので、助けが必要なときは遠慮なく私に連絡してください。あなたを助けるために私はいますし、そうしたいと思っています。ただ、大学に入学してからは、自分から質問に行くなど、学習面に関しては自分で管理ができるようになってほしいと思っていますので、あなたを追いかけ回して連絡するようなことはしません。

　私は、みなさんのさまざまな個性や考え方が詰まった、魅力的な学習環境を一緒につくることを楽しみにしています。

12年生のクラスにようこそ！
　　　　　笑顔とともに　サックシュタイン（優秀教師）[**]

保護者の方へ
　この手紙を受け取ったら、私にメールを送ってください。また、最新のＥメールアドレスをお知らせください。Ｅメールは、私にとってももっとも簡単な連絡手段です。

　私たちのクラスのウェブサイトには、生徒が必要とするすべての情報があります。定期的に、補足情報や更新情報を掲載していきます。シラバスはすでに掲載されていますし、提出物の期限を示すカレンダーも間もなく掲載する予定です。

　もし、何かご質問があれば、遠慮なく私に連絡してください。素晴らしい1年になることを楽しみにしています。

（＊）「Advanced Placement」の略です。学習への高い意欲を示す高校生を対象としたもので、大学の初級レベルのカリキュラムと試験を提供するという早期履修プログラムです。

（＊＊）独立した非営利団体である全米教職専門基準委員会により認定された資格（NBCT：National Board Certified Teacher）で、全米で3％ほどの人が認定されています。

　歓迎の手紙は、単に最初の挨拶というだけでなく、これからはじまる1年間の雰囲気を決めるものとなります。中学生以下の生徒を対象とする場合は、「遊び心」と「親しみやすさ」を忘れないようにしてください。

　もう一つの手紙は、ケンタッキー州フランクリンにある中学校で7年生[7]の数学教師をしているマカッチェン先生が書いたものです。手紙の最後で、生徒に問いかけているところに注目してください。

　その質問に対する生徒の答えを知れば、生徒により分かりやすい例や手本が準備できるようになりますし、生徒の興味に合わせて授業に取り組めるようにしたり、生徒たちに合ったより良い評価計画が立てられます。

_____さんへ

　こんにちは！　マカッチェンと申しま
す。もうすぐみなさんの担任になります。
　私は2005年5月にウエスタン・ケンタッキー大学を卒
業して、中学教育の学士号を取得しました。2015年5月
には教育経営の修士号を取得しています。

　　　　　私にはマックという素晴らしい夫がいて、結婚
　　　　　して11年になります。私たちには3人の素晴ら
　　　　　しい子どもがいます。9歳のナターリャ、7歳の
マッケイア、3歳のナザンです。

　これからはじまる学校生活にワクワクしていますし、み
なさんにお会いできるのを楽しみにしています。この学年
では、楽しいことをたくさん計画しています。みなさんが
私の授業や数学を楽しんでくれることを願っています。

　私の一番の目標は、みなさんが素晴らしい成
果を上げることです。数学の学習でもそれ以外
でも、やろうとすることは何でも成功してほし
いと思っています。

　私はみなさんに、数学だけでなく、尊敬、責任、信頼な

---

(7)　アメリカの高校は4年制（9〜12年生）と決まっていますが、中学校は2
　　年制（7〜8年生）だったり、3年制（6〜8年生）だったり、小中一貫
　　だったりとさまざまです。混乱を避けるために、1年生から12年生までの
　　通しで表記します。

どの、重要となる価値観も教えます。みなさんが素晴らしい人たちであり、学ぶ能力があると信じています。そして、学べると信じています。私がみなさんにお願いしたいのは、ベストを尽くすことです。それが、私にとって何よりも喜びとなります。

　時間とともに、みなさんについてもっと知れればいいなと思っています。何か困ったことがあったら、電話かメールで相談してください。メールアドレスを登録していただければ、授業についての最新情報も送ります。

追伸　学校公開は８月12日（月）６時からです。お目にかかれる日を楽しみにしています。

追伸の追加　これが最初の課題です。以下の質問に答える形で、自分自身について１ページの手紙を書いてください。

・この夏、あなたは何を学びましたか？　または、何ができるようになりましたか？

・あなたは、家族が健康に暮らしたり、目標を達成したりするためにどのようなお手伝いをしていますか？

・あなたは、家族の人がもっていないスキルをもっていますか？

・あなたの家族は、それぞれ何が得意ですか？

・どのようにして友達をつくりますか？

・あなたがもっと知りたいことは何ですか？

・それは、どこで、誰から学びますか？
・あなたの本棚、電子書籍、タブレットに今入っている
　ものや、Facebook、Instagram、Snapchat(*) に
　あなたが今までに投稿してきたものを教えてください。
　それらは、あなたのどのような人柄を表しています
　か？
・本当に面白い、あるいは解決が難しい問題に直面した
　とき、あなたはどうしますか？
・今、そして将来的に、世の人々があなたについて知っ
　てほしいことは何ですか？

(注)　マカッチェン先生の許可を得て使用しています。
(＊)　スマートフォン向けの画像共有アプリケーションです。

　さらに、もう一通紹介しましょう。ニュージャージー州にあ
る小学校で2年生を教えているロマーノ先生が書いたものです。
「夏休みにいろいろな活動を楽しみ、学校に来たら自分の経験
をみんなに話してね」と生徒に呼びかけて、親しみやすい雰囲
気を醸しだしているところに注目してください。

ネリー・K・パーカー小学校　2年生　307教室

担任教師ロマーノ　　　　　　　　　Hello

　2年生のみなさん、ようこそ！
　お家の人と一緒に、学校から離れた時間を楽しんでいる

ことと思います。残っている夏休み^(*)にやってほしいと思うことをお知らせします。

- ・家族や友達と一緒に過ごす時間を大事にする。
- ・何かをつくってみる。
- ・好奇心をもって、出合ったすべてのものに対して不思議に思う。
- ・楽しむために読む。
- ・遊ぶ。外で遊ぶ、室内で遊ぶ、ボードゲームをする、トランプをする、とにかく遊ぶ。
- ・毎日、想像力を働かせる。
- ・楽しむ！ 夏休みは楽しむためにあります。

　夏休みに体験した素敵なことを写真に撮ったり、それについて書いたり、絵を描くのもいいでしょう。どんな方法でも、あなたの冒険談を記録しておけば、いつでも思い出せますし、学校でみんなと共有できます。伸び伸びと楽しんで、２年生という素晴らしい１年に備えてください。
　みなさんに会うのが本当に待ち遠しいです。

　　　　　　　　　　　　　　　　　　　　ロマーノ

(注)　ロマーノ先生の許可を得て掲載しています。
（＊）　アメリカでは、秋から新しい学年がはじまります。学年がはじまる直前は夏休みなので、手紙でそのことに触れています。日本では春休みが該当しますので、季節にあったフレーズを考えてください。

「歓迎の便り」を出せば学校がはじまる前に雰囲気は伝えられますが、学校がはじまった初日も重要となります。目標とする

のは、翌日に生徒たちが教室に戻って来ること、そして、家の
人にぜひ伝えたいと思って、ワクワクしながら教室を後にする
ことです。ここでは、初日を過ごすためのヒントを紹介します。

・生徒がやって来る前に部屋をきれいにして、みんなの共有
　スペースを大切にするというあなたの心遣いが伝わるよう
　にしましょう。

・入り口では、笑顔で生徒を迎えましょう。

・学校や教室のルールや手順をなぞるのではなく、お互いを
　知ることに集中しましょう。そうしないと誤ったメッセー
　ジを送ってしまい、貴重な授業時間を奪ってしまうからで
　す。ルールや手順は最初の週の後半に取り上げるようにし
　て、クラスの規則を一緒につくります。そのほうがより多
　くの賛同が得られます。

・あなたが生徒のことを知り、生徒がお互いのことを知るた
　めに、アイスブレイキング[8]をしましょう。生徒が席を立
　って動き回れるような活動を選びます（**表1 - 1参照**）。

・教室をギャラリーウォーク[9]して、理想的な学習空間がど
　のようなものかを一緒に想像しながら、気づいた点を生徒
　に尋ねてみましょう。この活動は、生徒が好みとする多様
　な学び方を踏まえたものなので、教室を「デザイン」する
　ことにつながります。

---

[8]　ミーティングや研修・授業などで、参加者がまだ固まっている段階でお互
　いを知りあい、心と体を柔らかくするための簡単な活動です。
[9]　参加者がそれぞれ知っていることや発見したことを展示物として紹介する
　ための空間（ギャラリー）をつくって、自由に歩き回りながら見て評価す
　るという発表形式です。ここでは、そのバリエーションとなっています。

表1－1　アイスブレイキングの活動「……ができる／好きな人を見つける」

この活動は、さまざまな方法で行うことができます。生徒は、クラスメイトにインタビューして、どの項目が自分に当てはまるかを調べてもらい、その項目にサインやイニシャルを入れてもらいます。あるいは、項目をビンゴのように並べることもできます。生徒の年齢や対象に応じて、興味をもちそうなやり方や内容に変えてください。

1．この夏、旅行に行った。
2．読むのが好き。
3．大きくなったら何になりたいか知っている。
4．ソーシャルメディアで「生活」している。
5．テレビでスポーツ観戦。
6．スポーツをする。
7．楽器を演奏する。
8．食べることが好き。
9．体を動かすのが好き。
10．野球が好き。
11．学校へは公共交通機関で通う。
12．朝型人間である。
13．コーヒーが好き。
14．一人っ子である。
15．ペットを飼っている。
16．この夏、少なくとも2本の映画を観た。
17．リアリティー番組を見ている。
18．「キャンディークラッシュ」や「トリビアクラック」(注)をする。
19．スポーツイベントに参加したことがある。
20．ほかの国に行ったことがある。
21．自分の役割をもっている。
22．ビーチが好き。
23．行きたい大学が決まっている。
24．野菜が好き。
25．このクラスに親友がいる。
26．自転車に乗れる。
27．ブログを書いている／自分を作家だと思っている。
28．世界を変えたいと思っている。
29．政治に興味がある。
30．古典的な小説を読んだことがある。
31．テクノロジーが好き。
32．スマホを学習に使う方法を知っている。
33．手を使って作業するのが好き。
34．大家族で暮らしている。
35．ほかの言語が話せる。

（注）　二つとも人気のあるゲームアプリの種類です。

　もちろん、学校がはじまった週だけが、あなたの印象をよく
したり、対人関係を築く唯一の機会ではありません。それは
「はじまり」にすぎません。

　生徒たちのことを知ろうとする際には、一貫性と柔軟性の大
切さを忘れないでください。ボディーランゲージや、彼らが誰
と一緒にいるのかなどに気を配ってください。どの生徒がほか
の生徒よりも自己主張が強いかを把握し、ほかの人たちの声を
排除するような支配的なものではなく、真のリーダーとしての
自覚がもてるような、教室での役割を与えてください。

　大人しくて何も話さないような生徒は誰なのかと気を配り、
その理由を知るために会話をします。その中間に位置する生徒
にも、ほかの生徒が発言している間、「黙って座っているだけ
ではだめだよ」と指示を出しましょう。教室を出入りする際に
一人ひとりに話しかけて、その日や週末の様子を尋ね、彼らの
答えに心から興味を示してください。

　学校がはじまって最初の月に、どうしたらもっともよく学べ
るのかを明らかにするためのアンケートを行います。さまざま
なウェブサイトには、そのための各種点検シート[10]が存在して
います。このようなアンケートやシートは、好ましい学び方を
明確にするのが難しい生徒にとってはよい出発点となります。

---

[10]　たとえば、「教育計画（EducationPlanner.org）」が提供しているものがあ
　　ります。また、公共教育サービス機関のペンシルベニア高等教育援助機構
　　（PHEAA）では、大学進学に向けたキャリア計画のための情報を発信して
　　います。日本語では、小中高生用に「キャリア・パスポート」、大学生用に
　　「社会人基礎力」がありますが、その効果には疑問符がつきます。よい日本
　　語サイトをご存知の方は pro.workshop@gmail.com にお知らせください。

　教えている内容にかかわらず、自分自身について、あるいは経験したことについて短い作文を書いてもらったり、絵を描いてもらいましょう。それらが、一人の人間、そして学び手としての生徒をより良く理解する場合に役立ちます。

　生徒が共有してくれたことに注意を払い、必要に応じてはっきりさせるための質問をしてください。一つのモデルとして、教師としてのあなた自身の姿を文章で生徒に紹介してください。個人的な情報は必要ありませんが、あなたがオープンであればあるほど生徒は心を開くでしょう。

深い人間関係が学習を活性化させる

　時間をかけて生徒とより深い関係を築ければ、学習環境が整います。生徒はあなたを信頼することになりますので、「居心地のよい場所から一歩踏みだすように」と言えば、進んで新しい目標に挑戦するでしょう。

　また、生徒に関するいろいろな情報を入手すれば、授業をデザインしたり、形成的に学習経験を評価したり、最終的な総括的評価のときにも役立ちます。深いつながりを育み続ければ、必要なときにあなたの助けを求めるだけでなく、あなたからの提案も受け入れるようになります。

　最終的には、これらの重要な関係を築くためにあなたが費やした時間は、年度内において生徒が積極的にコミットするだけでなく、将来にわたって熱心に学び続けるという形で大きな見返りをもたらします。生徒の文化的背景が異なる場合は、なおさらです。

　時間をかけて、一人ひとりの生徒の生い立ち、出身地、あらゆる意味での人となり、社会経済的状況[11]などを理解すればより良い判断材料となり、継続した信頼関係が得られます。

　また、教師が自らの弱さをさらけだすことの重要性も見逃せません[12]。たとえば、何かを知らないときにその事実を認めたり、助けを求めたりする場合です。学習者として、また一人の人間として教師自身が生徒に弱音を吐けば、その弱さが人と人との距離を縮めるための扉を開きます。そして、極めて個人的な情報を共有するために必要となる信頼関係を示したり、生徒との関係に価値を置いていると感じてもらえます。

生徒同士の関係

　教師と生徒の関係だけが重要なのではありません。生徒同士のつながりやコラボレーション（協働）も非常に重要です。学ぶ方法によっては、私たちの価値観が表れます。学習の目標を達成するために欠かせない信頼関係は、生徒同士が尊敬しあい、尊厳と共感をもって接することが当たり前という文化を育むことによって高まります。

---

(11)　保護者の教育（就学年数）、職業などを組み合わせて個人や世帯の社会状況を（差し障りのない程度で）把握することです。

(12)　協力者から「多くの教師にとって、『自分の弱さ』を表現することはとても難しいと感じています。『独裁者』になりたがっているケースもあれば（弱みを見せると権力関係が崩れる）、『完璧でなければいけない』という強迫観念にとらわれているケースもあると思います」というコメントがありました。

　生徒同士が信頼しあう状態を望むのであれば、どのように振る舞うべきか、どのように接するべきかについて知ってもらう必要があります。信頼は、協働、グループ活動やピア・レビュー[13]、フィードバック、さらには教室での話し合いに欠かせない要素です。

　ザレッタ・ハモンド[14]の著書『文化の違いに対応した教え方と脳の機能（Culturally Responsive Teaching and the Brain）』［参考文献26］では、すべての生徒の声[15]を聞き、どの声も同じように評価され、特別扱いされないことを保証するといった提案がされています。

　また、どのようにすれば学習時間を公平にし、協働的な環境をつくれるのかについても述べられています。

　生徒に、「お互いを尊重するように」と言うだけではだめです。どのようにして協働を実現し、グループ全員がどのような形で学習に参加できるようにするのかについてよく考える必要があります。

　このような公平性は、「教室での敬意の表し方について」という目標達成のための基準[16]を生徒と一緒につくれば促進されます。生徒には、基準を守る能力を省みて、なぜそうすることが重要なのかについて考えてもらいます。敬意を示す能力を成長させるためのフィードバックを継続して提供しましょう。

　学年の初め、もしあなたが生徒たちのことをよく知ろうとしているならば、生徒同士でパートナーシップが築けるようにします。ただし、誰とパートナーになることを望んでいるのか、またパートナー候補と一緒にいるときの学習状態をよく観察し

てください。

　・このパートナーシップはうまくいっていますか？

　・あなたには、それがどうして分かりますか？

　・うまくいっていない場合、パートナーシップをどのように
　　改善しますか？[17]

　生徒は、教室での意思決定に参加するに十分値する存在です
（責任ある意思決定は、SEL の能力の一つであることを思い出
してください）。そのためにも、自分の選択肢と、その選択が
将来の学習にどのような影響を与えるのかについて知っておく
必要があります。さらに生徒は、自分自身やクラスメイトの学
習や評価においても大きな役割を果たしますので、あなたを信
頼するのと同じくらい、あるいはそれ以上に、お互いを信頼す
る必要があります。

---

(13)　生徒同士で評価や批評をすることです。

(14)　(Zaretta Hammond) 元カリフォルニア州の英語教師で、公平性、リテラ
　　シーなどの教育的課題に取り組み、有色人種の生徒や英語学習者を対象と
　　したリーディングの教員研修を行ってきました。

(15)　(voice) 意見、考え、主張などのことです。このテーマに特化した本が『私
　　にも言いたいことがあります！』です。

(16)　「success criteria」と書かれています。「目標達成のための基準」とは、達
　　成目標を細かく分けたり、具体化した「めあて」のようなものと考えてく
　　ださい。

(17)　パートナーは、ペアとはちょっと違います。一番の違いはペアを組む期間
　　です。ペア・ワークは多くても数回ですが、パートナーの場合は学期の期
　　間中や年間を通して組みます。そのため、生徒たちの相性や好み／得意や
　　不得意などを踏まえて組み合わせを考えますから、年度当初の2～3か月
　　はできません。パートナーでの活動は、ペアでの活動に比べて教師に対す
　　る依存度がかなり低下します。

建設的な人間関係を築くための方法

　もちろん、生徒同士がよい関係を築いてほしいとは思っていますが、これは単に友情についての話ではありません。チームやグループの有力な一員として学ぶのは、ほかのさまざまな学習においても大切なので、効果的な協働のスキルを身につけられるような文化を醸成する必要があります。

　すべての生徒がグループでの作業を好んでいるわけではありませんが（生徒の好みを尊重したいとは思っています）、協働は重要なライフスキルなのです。それは先天的なものではなく、教えるべきものです。

　拙著『ピア・フィードバック』［参考文献51・邦訳は新評論］では、生徒が互いの学習を効果的に促進できるエキスパート・グループの一員になることについて述べています。この方法では、それぞれの小グループが特定のスキルや課題のエキスパートになるように指導しています。そして、各グループは年間を通してそのスキルや課題の担当者となると同時に、自分たちの取り組みを通じて専門性を高めていきます[18]。

　生徒の長所や課題を把握するには最低でも2か月かかります。その時点で、最大5人までのグループを厳選します。このグループでは、引き続きさまざまな活動を行うことになるので、適切なバランスと活動力を確保する必要があります。メンバー変更をしないわけではありませんが、最初からメンバー変更を前提にしないほうがいいでしょう。

　生徒がエキスパートになる準備をする際には、まず担当する分野でそれぞれの課題解決に向けて努力している状態を支援し

ます。また、彼らがクラスメイトと一緒に自分の弱さに対処している様子も支援します。長所や課題を振り返りながらグループ内で共有すれば、どのように協力していけばよいのかなど、集団としての理解が深められます。

　共有を通して、自分の取り組みで何を目指すべきか、ほかの人から何を期待されているのかが分かります。『ピア・フィードバック』では次のように述べています。

　　生徒が習熟しようと取り組んでいる、特定の分野に関する読みものや研究成果などを提供するようにしましょう。そのとき、必要に応じて、一人ひとりの生徒をいかす教材を用意しましょう。たとえば、同じことについて説明されていますが、異なる形で書かれている資料などです。

　　私自身のライティング・ワークショップでは、それぞれのエキスパート・グループの役割についての簡単な説明を生徒にわたすだけでなく、これらの特定の分野についてクラス全体でミニ・レッスンを行いました。また、パデュー大学のOWL（Online Writing Lab）の資料を提示して、具体的な質問をするようにと促しました。さらに、各グループが調整や準備をしている間、私はそれぞれのグループを個別に訪ね、自分たちが担当する論文のセクションについて復習する時間を与え、質問が出るたびそれに答えていきました。

⒅　協力者から「この手法いいですね。さまざまなスキルをクラスに浸透させることに使えそうです」というコメントが届きました。ジグソー学習に似ていますが、より継続的なものです。

　それぞれの専門知識の強化が終わると、生徒たちは教室で
オンラインや図書館で見つけた資料を協働して調べ、それぞ
れの専門分野でよくある間違いや問題を探すための知識が習
得できるようになります。（前掲書、142〜143ページ）

安心安全な空間をつくる

　生徒が最初からあなた（教師）の助けを求めるのではなく、
生徒同士が生産的な方法で課題について話し合い、一緒に物事
を解決していけるように奨励するといった安心安全な空間づく
りを目標にしてください。

　人生では、さまざまな背景をもつ人々と仕事をしていくこと
になります。生徒に責任感をもたせ、互いに関心をもち、擁護
しあえるように教えることは、生産的な学習と人生経験につな
がります。

生徒と文化の関係

　クラスメイトとの関係に加えて、生徒は出身地の文化や学校
が培ってきた文化との関係を深めていきます。生徒自身の生い
立ちについて話してもらい、個人的な文化が学習環境を向上さ
せ、教室にいるすべての人の尊厳を守るという環境を継続して
育みましょう。もちろん、そこにはあなたも含まれます。

　このような形で文化的知識を深く身につける指導は、学習経
験や評価の方法をデザインするケースにまで及びます。必要に
応じてすべての学習者のニーズを考慮さえすれば、将来の予想

すら変えられるのです。

　時間をかけて他者の価値観や信念を理解すれば、多様性に対する意識や関係性を高めるだけでなく、教室内でソーシャル・キャピタル[19]の構築にも役立ちます。

　生徒は生活のなかであらゆるタイプの人と出会うでしょう。そして、好奇心をもち、異文化に対する認識を深めることで対人関係を円滑なものにし、不正確な思い込みや恐怖心、偏見が減らせます。

　そのためには、生徒自身がアイデンティティーを振り返って確認し、自分の思い込みに疑問をもち、そのつもりがなくても他者に害をもたらすような暗黙の了解事項を解決しなければなりません。異なる視点、背景、文化をもつ生徒は貴重な存在ですから、無視をしない、いや無視すべきではないのです。

　もちろん、生徒を受け入れるための努力をする際には、体裁だけ整えるようにして異なる背景をもっている人々を扱ってはいけません[20]。つまり、一人の生徒を、特定の背景をもつ人や特定のアイデンティティーをもっている人（たとえば、有色人種やLGBTQ[21]）のすべてを理解するための手段にしてはいけないということです。一人をみんなの代表者かのように扱うと

---

[19]　「社会的資本」と訳され、組織や社会のメンバーが互いにサポートしあう関係のことを言います。信頼関係やネットワークなどが前提です。

[20]　こうした扱いのことを「トークン・マイノリティー」と言います。マイノリティーの人々も含めておいたほうがよいだろうとか、含めておかなければ差別だと思われたり批判されたりして面倒なので含めておこうという打算的なやり方です。

[21]　後掲となりますが、47ページの注[31]を参照してください。

いうのは、不正確であるうえに危険です。

　私たちはインクルーシブ[22]を求めています。形だけのマイノリティーとして扱ってしまうと、インクルーシブどころか、体裁を気にして「的外れ」となってしまいます。

　たとえ難しくても、特権や制度化された人種差別について話し合う時間を授業中に設けると協力者としての意識が育めます。一人ひとりの子どもが、自分の声を聞いてもらえ、理解され、歓迎されていると感じられるようになります。

　念のために言いますが、ここでは表面的なことしか述べていません。数回の会話でこのような大きな問題が解決できるとは決して思っていませんし、歴史的に存在する課題や偏見の複雑さを考えると、私たち全員が日々取り組んでいく必要があります。ここで述べたのは、そのためのささいな方法の一つです。

教師と家庭の関係

　生徒を支援するあなたの能力を高めたり低下させたりするもう一つの重要な要素は、生徒の家庭との関係です。先に述べたように、私たちは全員、学習空間に自分自身を超えるほどの歴史的な背景をもちこんでいます。目の前にいる生徒の全体像を可能なかぎり把握する必要があるわけですが、そのためにも、生徒の学習パートナーである保護者の協力を得る必要があります。

　生徒がどのように行動して、家族とかかわっているかを理解することは、殻に閉じこもっていた生徒を解放する際に役立ち

ます。私が書いた高校の「歓迎の便り」（20ページ参照）では、生徒だけでなく、保護者にも声をかけていたことを思い出してください。生徒も保護者も同じチームに属しているわけですから、期待されることや目標、学習への貢献度について、全員が共通の見解をもっておく必要があります[23]。

　学校の予定日だけでなく、折に触れて生徒の保護者と話をする機会を設けてください。常にあなたが保護者の質問、懸念、参加を歓迎していることを知ってもらい、保護者とのやり取りから学んだことを考慮に入れるようにします。保護者が希望するコミュニケーションのとり方を確認して、必ず連絡しましょう。

　週に一度、生徒のよい変化を見つけて電話をかけることは、生徒やその家族にとってだけでなく、あなたにとっても気分の高揚が図れます。このような努力は、思いやりのある絆を深めて、将来のパートナーシップの強化につながります。問題が生じたときだけ電話をすると、保護者の協力を仰げないネガティブな行動を招いてしまいます[24]。場合によっては、敵対的な状況に陥ってしまう可能性すらあります。

――――――――――

[22]　障害や病気のある者、民族や言語の少数者などを含め、あらゆる人々がその能力などを最大限に発達させ、効果的な社会参加を可能にしようという目的のもと、すべての人が共に学ぶ仕組みのことです。

[23]　日本の教育は、この意識がまだ極めて乏しいです。この点に焦点を当てた本が『一人ひとりを大切にする学校』なので参考にしてください。

[24]　協力者から「日頃から保護者とコミュニケーションをとっていたり（生徒がちょっとした良いことをしたときなど）、学級通信などを通して間接的にコミュニケーションをとっていると、何かあったときに協力しあえます」というコメントがありました。

　保護者は、自分の子どものためにあなたが最善を尽くしている様子を知りたいのです。そのため、学校でのポジティブな経験を認識し、それを共有することが役立ちます。

　新型コロナウイルスのパンデミックという極端な環境下では、保護者との積極的なコミュニケーションがこれまで以上に重要となっています。子どもを教育する真のパートナーとなるには良好な関係が求められます。教育委員会が提供しているウェブサイトやオンライン教室以外に学習経験が共有できる YouTube チャンネルを開設すれば、保護者を学習の場に招き入れることができます。そうすれば、緊急時だけでなく、保護者はいつでも学校の様子を知ることができます。

　さらに、学校は「文化の調整役」[25]の活用ができます。この重要な役割について二人の研究者は、「文化的な力」に関するニュースレターにおいて次のように説明しています。

　　文化的に多様な生徒が多く在籍している学校教師の場合、生徒や家族とは異なる背景をもっているケースがよくあります。このような文化的なミスマッチは、学校と地域の強い関係を築くうえでの課題となります。この問題に対処する方法の一つとして、「文化の調整役」の活用があります。

　　文化の調整役とは、地域の文化集団のなかで一定の地位を築いている人が地域社会と学校をつなぐ役割を果たすというものです。文化の調整役は、学校関係者が地域社会の価値観や規範をより良く理解できるように助けるとともに、地域の人々が学校と交渉する際のサポート役となります。[参考文献42]

教師とリーダーとの関係

　学校文化の大部分は、廊下、職員室、会議室などで繰り広げられます。あなたと同僚、そして管理職と教育委員会との人間関係が、生徒は何をすべきなのか、何をしてはいけないかのモデルとなっています。

　さらに管理職や教育委員会は、どの評価をどのように行い、何のデータを収集しなければならないかについて決定権をもっています。そのため、重要な地位で意思決定をする人とあなたが良好な関係を築くことは、生徒に対して最善を尽くそうとするあなたへのサポートに欠かすことができません。

　最終的には、管理職や教育委員会との関係が良好であればあるほどあなたは、生徒のニーズについて発言したり、擁護したいと思うようになります。教育行政サイドの人たちとの関係が崩れてしまうと、誤解を招くような、あるいは矛盾したメッセージを生徒や保護者が受け取ることになり、学ぶ過程が複雑になってしまいます。生徒と地域のために強力な結束力を示せば、学校制度とそのなかにいる人々は無駄な時間をかけることなく、学びに集中できます。

　学校のリーダーが「門戸を開く」という方針をもち、学校や教育委員会の取り組みに関して教師の意見を聞けば、良好な関係が促進できるでしょう。教室内のコミュニティーと同じく、学校レベルのコミュニティーでもあらゆるメンバーの声を尊重

---

(25)　原語は「cultural liaisons」です。地域と学校の橋渡し役を担っています。日本の「地域学校協働活動推進員（コーディネーター）」に似ているかもしれません。

する必要があります。上層部が出した指示がそのまま下に伝わっていくような文化ではなく、教育委員会は、日々の仕事をしている現場の人々の声をよく聞き、その意見に耳を傾ける必要があります。

このようなオープンな対話は、よりオープンで信頼できる関係を築くことになりますので、生徒の観察やそのほかの取り組みを通して、教師は継続した授業改善などに取り組めます。教師がリーダーを信頼し、リーダーが教師を信頼すれば、生徒は目標達成がしやすくなります。

教師同士が協力しあい、リーダーが絆を深める機会を提供すれば、それぞれの教師は学年や教科の達成目標をより明確に理解します。

教師には、同僚と一緒に仕事をする時間が必要です。仲間意識を高めるためにも重要ですし、学習において目標を達成することの意味を教師同士でさらに共通理解し、学年や教科が違っても、すべての生徒に対して、同じ学びの価値観を伝えられるようにする必要があるからです[26]。

居場所の感覚を高め、違いを認めあう

本章では「居場所」について触れてきたわけですが、この概念について正面から向きあって議論し、認識を深めていく必要があります。公平な学習空間は、すべての参加者が成功するために必要とされるものがもてるように保証し、学習面でのニーズだけでなく、感情と社会性のニーズも尊重します。

『生徒の尊厳を大切にした居場所のある教室づくり』[参考文献

9〕（11ページを参照）のなかでは、以下のように定義されて
います。

　　居場所は、ある環境（学校、教室、職場など）のなかで評
　価され、正当化され、受け入れられ、公平に扱われていると
　感じる程度で決まります。自分の居場所があると感じると、
　生徒はステレオタイプ（固定的な見方）や多次元アイデンテ
　ィティー[27]の断片として扱われることを心配したり、悩んだ
　りしなくなります。
　　むしろ、一人の人間として、価値のある存在として見られ
　ていると確信するでしょう。
　　居場所があると感じるのは、社交辞令が記されているグリ
　ーティングカードをもらったときだけではなく、人間に生ま
　れつき備わっている欲求なのです。食べ物や水の必要性を無
　視した場合と同じく、「居場所」を無視してしまうと私たち
　は健康を害してしまいます。それほど致命的なものです。

　学びの場所で目標を達成するためにも、「個々人の一部を隠
すように」と生徒や教師に求めるべきではありません。そうで

⒂　リーダーのテーマに関しては、『学校のリーダーシップをハックする』と
　『教育のプロがすすめるイノベーション』が参考になります。
⒄　アイデンティティー（自分自身の捉え方）は、民族、人種、宗教、性的指
　向あるいはさまざまな性格的特徴、そして職業など、多くの側面をもって
　いて、公にしたいものもあれば秘密にしておきたいものもあります。また、
　誇りに思えるものや恥ずかしく思うものもあります。このように多くの意
　味をもち、多次元で構成されています。

はなく、一人ひとりのアイデンティティーを受け入れ、その人と教室（ないし学校）という学びの場で活用する方法を見つけなければなりません。

このようなアプローチは、生徒に学習機会を提供します。特定の内容に絞った課題をつくるのは簡単ですが、そのような課題では、そのテーマについて知っているすべてを示すことができず、不安や不満を募らせてしまう可能性があります。

生徒のニーズを意識すれば課題や評価の機会がつくれます。具体的には、プロジェクトや試験において、生徒が発言したり、選択できる機会を提供して、生徒の目標達成をサポートしていくのです。

まだ教える能力を高レベルで身につけていなかった駆けだしの段階で、私は幸運にも、自分をより良い人間にしてくれる生徒に出会えました。教師になった２年目、私とはまったく異なる経歴をもっている若い女性に出会ったのです。彼女は17歳で、彼女の文化では慣習となっていた見合い結婚の準備をしており、自らのセクシュアリティーを無理に合わせようと努力していました。

もちろん、当時の私はそのことをほとんど知りませんでした。ただ、彼女が避難するために私の教室に来ていたことだけは知っていました。12年生になって、卒業アルバムの制作係を募集したとき、彼女が立候補してくれました。

私たちはしばしば、彼女の家族のことや恐れていることについて率直に話し合いました。私の絶え間ない好奇心にこたえて

くれた彼女は、私の無知さを解消するためにさまざまなサポートをしてくれました。

　当時、私はかなり若く、24歳くらいだったので彼女とほぼ同世代でしたが、まったく違う人生を送っていました（このときに、私たちは友達になったのかもしれません。実際、彼女が卒業したあとも連絡を取りあっていましたし、今では「友人」と呼んでいます）。卒業アルバムのレイアウトをしているとき、彼女が自分の絵を見せたり、自らのことを話してくれたことで親近感が湧きました。

　彼女が性的アイデンティティーについて明かしてくれたとき、私は応援しかできませんでしたが、彼女の家族が承知していないという事実を知りました。

　あとになって彼女が、「今までの人生において、自分の話に耳を傾け、話を聞いてくれた人はほとんどいませんでした」と話しています。ありのままの彼女を批判することなく私が受け入れようとしたことで、彼女は「自らの真実」が語れたのです[28]。

　私は、このような存在になれたことに感謝しています。これからの人生においても、このような関係を築き、何があろうと、すべての人が「自分の居場所がある」と感じられるような機会を見いだせるだけの優しさをもち続けたいと思っています。

---

[28]　協力者から「すべての教師がこのようにオープンで聞き上手になれるといいな、と思いました。教科の内容を進めることだけに忙しくて、そのような時間はないと思いがちですが、自分の教室の中で、もっと、できるかぎり生徒のありのままを受け入れてサポートしたいと思いました」というコメントが届きました。子どもは、自ら育つ力をもっていると思います。

　もう一人思い浮かぶのは、生まれたときは男性だったのに「自分は女性だ」と認識していた生徒です。彼女は非常に信心深い家庭の生まれで、家族には女性として受け入れてもらえませんでした。

　毎日、学校に来てから、彼女が着たいと思う服に着替えていました。学校としては、彼女が歓迎され、守られていると感じられるように努めました。誰もが敬意と愛情をもって接していたのですが、それは家庭で直面していた彼女の問題を知っていたからです。

　彼女が家を出られる年齢になったとき、ガイダンス・カウンセラー[29]と私は、彼女が安心して過ごせる場所を確保し、卒業後の人生が歩めるようにサポートしました。

　このような話を紹介するのは、「学ぶ前に安心安全だと感じる必要がある」とお伝えしたいからです。自分の居場所があると感じられれば、生徒は力を発揮し、自己肯定感をさらに高めます[30]。本書の後半では、従来の評価方法やテストがいかに生徒の自己肯定感を低下させており、学習に参加する意欲を失わせているのかについて述べていきます。

　教育機関は、学習面だけでなく、感情や社会性も含めて生徒を成長させる義務があります。そのためにも、私たちが築く対人関係のなかで居場所の感覚を確保する必要があります。次に紹介するのは、ニューヨーク市の中学校で理科を教えているジェシカ・シミニ‐サミュエルズ先生の体験談です。

LGBTQ+[31]生徒同盟の結成

　数年前、職員会議で私たちは、勉強面と感情面において特別なニーズのある生徒たちをどのように支援すべきかについて頻繁に議論するようになりました。さまざまな人種のグループ、IEP[32]をもつ生徒、成績が「下位３分の１」、低所得家庭の生徒についての議論です。

　私は常に、多様性の利益を考慮して「LGBTQ の生徒たちも」という声を上げていました。みんな、うなずきながら同意してくれました。しかし、その後に続けられた会話からはLGBTQ の生徒が除かれて、ほかのグループにのみ焦点が当てられていました。

　LGBTQ の生徒は、学業面、経済面、感情面、そして人種の面でも非常に混ざりあったグループで、誰もがどこから手をつけていいのか分からないからです。

　カミングアウトしている生徒もいれば、自分のセクシュア

---

(29)　学校で、子どもたちの学業、進路・キャリア、健康面などにおける課題への取り組みを援助する専門家のことです。

(30)　『「居場所」のある学級・学校づくり』を参照してください。

(31)　レズビアン（女性同性愛者）、ゲイ（男性同性愛者）、バイセクシュアル（両性愛者）、トランスジェンダー（性自認が出生時に割り当てられた性別とは異なる人）、クイアやクエスチョニングの頭文字をとった言葉です。クイアは「風変わりな・奇妙な」という意味の侮蔑語でしたが、性的少数者を表す総称の一つとして使われます。クエスチョニングは、自らの性のあり方について分からない人、特定の枠に属さない人を指します。「＋」がついているのは、LGBTQ 以外にもたくさんの性があるという意味です。

(32)　(Individualized Education Program)「個別の教育支援計画」のことです。障害児の保護者と教育当局が障害児にどのような教育支援が提供できるのかについて取り決めた契約書も含まれます。

リティーやアイデンティティーを模索している生徒がたくさんいることは知っていました。しかし、この生徒たちをサポートする最善の方法となると誰も知りませんでした。

　自分に何ができるかと考えに考え抜きましたが、最終的には、彼らが安心して自由に発言できる場所を提供する必要がある、と判断しました。彼らが自分らしくいられ、同じような人生経験をしている生徒と出会える場所を提供したかったのです。校内には味方がたくさんいて、ここは彼らを愛し、受け入れてくれる場所だということを示したかったのです。

　9月、私は管理職に「LGBTQ+生徒同盟を立ち上げましょう」と相談しました。彼らはそれを承認し、レインボー[33]のポスターを掲示しました。10月には初のミーティングを行い、大成功を収めました。

　毎回のミーティングは、まず共有の時間からはじめ、その早い段階で一人の生徒が、「自分が一人ではないことが分かってうれしかった」と話しました。この発言のおかげで、すべてがうまく運びました。

　私は、美しいレインボー・ウォリアーズ（虹の戦士たち）全員に、自分たちの存在を隠す必要がないこと、受け入れられていること、愛されていることを知ってほしかったのです。LGBTQ+生徒同盟は、それを実現するための大きな一歩を踏みだしたわけです。

　LGBTQ+生徒同盟をはじめてから数か月で、私は学校文化の変化に気づきました。もっとも重要な変化は、教師やほかの生徒に自らのセクシュアリティーを表現する際に抵抗感

をもたなくなったことです。

　その年の半ば、ある生徒が、「これまで自分は女性として振る舞っていたけれど、学校のみんなに、本当は男性であると表明できるようになりました」と、同盟のメンバーに語ってくれました。そのとき私たちは、彼の転換について率直に話し合いました。教職員も生徒たちに安心して彼について話せましたし、そうでないときは私に相談してくれました。

　LGBTQ+ 生徒同盟の生徒は、クラスメイトから同盟についての質問を受けることがあるようですが、好奇心旺盛でありながらも、「敬意を払ってくれている」と私に話しています。まさに、私が望んでいたとおり、オープンな対話が行われていました。

　私たちの学校では変化と受容が起こっており、LGBTQ+生徒同盟の生徒がサポートされ、受け入れられていると感じられるようになったほか、そのこと自体が授業への参加や取り組み方にも波及しています。「ここは自分の居場所だ」と生徒が思えるような、真に受け入れられるコミュニティーをつくれば、生徒は学習に打ちこめるのです。このような知識をもつ教師であれば、その知識に基づいて評価の調節ができるので、使う言葉に注意を払いながら、意図せずに害を与えることのない評価を行うこともできます。

　　　　　　　　　　　　　ジェシカ・シミニ－サミュエルズ
（ニューヨーク州中学校理科教師、LGBTQ+ 生徒同盟顧問）

---

(33)　LGBTQ+ の象徴として、6色（赤、橙、黄、緑、青、紫）からなる虹が使われています。

＞ まとめ

　学校で人間関係を築くことの重要性と、その人間関係がもたらす影響については、これまでに何冊もの本が著されてきました。評価は学習に欠かせない要素であるため、子ども全体を考慮すべきよい評価方法を開発するという本書の焦点が、人間関係を築くことに関する議論からはじまるというのは理にかなっています。

　人間関係は、学習空間をどのように発展させるかと考える場合の基礎となります。簡単に言えば、時間をかけて、学校を変えていくために必要とされるさまざまな関係性を構築しなければならないということです。そうでないと、生徒、教師、リーダー、保護者、教育行政など、いかなる役割を担っていたとしてもやるべきことがうまくこなせません。

　大事な関係性を築くと、生徒が目標を達成するために必要とされることや改善しなければならない点について、最善となる対処法が分かるようになります。そうなると、効果的で一人ひとりのニーズに合った評価の開発が可能となります。

　まずは、各教科に関連したスキルや学習を将来にわたって積み重ねていくために必要とされる力を、生徒が習得できるように努めます。関係が深まれば深まるほど、生徒はより積極的に課題を共有するようになります。また、挑戦しなければならないような困難があっても、自らの学習に突き進んでいけるようになります。

　教師を中心にして、周りの大人たちが生徒の利益を第一に考

えていることが分かっているからこそ、恐れることなく学び進んでいけるのです[34]。

振り返りの質問
---

❶生徒と意味ある信頼関係を築くのに、これまで何をしてきましたか？　さらにできることとして、何があるでしょうか？

❷生徒の居場所感と社会認識を育むために、彼らとの関係をどのように強くしていけるでしょうか？

❸自分自身の学び方の好みは、自分の教え方にどのように影響しているでしょうか？

❹家族や地域とのつながりをつくるために、何ができるでしょうか？

---

[34]　協力者から「第1章、大切なメッセージをよく説明していると思います。この考え方に基づいて評価をどのようにするとよいか、もっと読み進めたくなります」というコメントをもらいました。

第　2　章

評価のなかで自己認識を育てる

　教室で学んだり、それを評価されるという経験は、学習者としての自分だけでなく、より広い世界における一人の人間としてどのように見るのかという、生徒の自己認識に大きな影響を与えます。教科指導と SEL の統合を推進する CASEL は、「自己認識」を次のように定義しています。

　　さまざまな状況を乗り越えて、自分自身の感情や思考、価値観が行動にどのような影響を与えるのかについて理解する能力のこと。また、根拠をもって確信したり、目的意識をもったりして、自分の強みや限界を認識する能力も含まれます。
[参考文献10]

　教師として私たちは、成績をあまり気にせず、生徒自身についてまちがった見方をしないように努めなければなりません。まずは、生徒自身が期待されている学習目標をしっかりと理解して、その目標を達成するための段階的なレベルについても理解できるようにする必要があります。

　そして、これがもっとも大切なことですが、私たちが伝えな

くても生徒自身が「今どのレベルにいるのか」について認識できるようにしなければなりません[1]。

　本章では、学習を通して生徒の強みや課題を認識し、感じることを表現するための方法を教える手順について紹介していきます。また、適切な支援や練習の機会さえあれば、どんなことでも達成できると思えるようになる「成長マインドセット」という思考方法や、生徒たちが学習目標を設定する際のサポート方法についても考えたいと思います。

　さらに、振り返りの方法[2]を教えることで生徒が自己認識を深め、より良い自己評価をする様子についても触れます。そして、学習気質[3]とは何か、生徒が自分の気質を自覚すれば学習者としてのアイデンティティーをより伸ばしていけるようになるのかについても探究していきます。

　生徒がこれらを理解しはじめると、私たちはより良いフィードバックや指導が行えるようになり、生徒はそのプロセスを通して、より上手に「セルフ・アドヴォカシー」[4]ができるようになります。

＜　形成的フィードバックで強みと課題を知る

　形成的な学びと総括的な学び[5]は誤解されています。私たちは、総括的に示された学習成果[6]を重視しすぎて、そこに至るまでの形成的なプロセスを軽んじてしまうといった場合があまりにも多いという現状となっています。

　形成的な学び（評価）とは、学びがどのように起こっている

のかを明らかにすることです。つまり、生徒がどのように取り組んでいるのかを確認したうえで、より良い取り組みや、学びを可能にするために役立つフィードバックの提供機会のことを指しています[7]。

　形成的な営みは成績に含まない場合が多いため（確かに、含むべきではありません！）、生徒は（教師も？・訳者付記）「意味がない」と思って誤解するケースが多いです。しかし、形成的な営みのなかでこそ学びが生じているので、もちろん「意味があり」ます。教室の学習環境を整えていき、自分には何がうまくできて、どのような点を改善すべきなのかについて見極める場所であると、生徒自身が教室に対して信頼感を抱く必要があります。

---

(1)　学習が終わった後ではなく、学習過程で、自分が今いるところを理解すること（現状の把握）と、自分がどこに向かっていけばいいのかを理解していること（目標）とのギャップを埋める手段を考えるプロセスが、評価（自己評価、相互評価、教師による評価）やフィードバックと言えます。（分かりやすく図化されたものをご希望の方は、pro.workshop@gmail.com に連絡をください。また、のちに紹介されるルーブリックは、これを可能にする効果的な媒体です。）このギャップを埋められない評価やフィードバックの価値は極めて弱いものです。テストや通知表で良い点数や評定を得ることに縛られている生徒は「目標をもっている」と言えるでしょうか？

(2)　同じ著者の『成績をハックする』第8章「振り返ることを教える」を参照してください。

(3)　7ページの注(7)と68〜77ページを参照ください。

(4)　自分の必要とする支援を主張することです。詳細は、98〜102ページを参照してください

(5)　ここでは「学び」が使われていますが、「評価」と置き換えてもよいでしょう。

(6)　期末試験の成績や、日本の場合、入試の結果なども含まれます。

(7)　換言すると、形成的評価とは、まさに「指導と評価の一体化」を実現した教え方・学び方ということになります。

　形成的な営みを取り入れているプロジェクト学習（プロジェクト学習の詳細については第3章を参照）は、生徒がグループや個人で作業をするのにもっとも適した方法です。生徒は、クラス全体でミニ・レッスンを受けたあと、各自が作業したり、フィードバックを受け取ったりする時間を設けたワークショップのような環境[8]に参加できます。一方、教師側は、この機会を使って各自の学習レベルを確認して、生徒からの質問に答えたり、励ましたりします。

　第1章で説明したように、生徒との関係も生徒同士の関係も早い段階で築けているはずですから、全員の生徒が自分の意見（32～36ページ参照）は大切にされていると実感しているはずです。

　次の目標は、授業中に支援を受ける機会を公平（公正）[9]に提供することです。それぞれの生徒と話した時間を記録しておくと、ある生徒があなたの時間を独り占めするようなケースは防げます。もし、数分では足りないと思えるようなサポートを必要としている生徒がいた場合は、個人もしくは小グループになって、別の時間を使って直接指導する必要があるでしょう。

個人のスキルや知識を形成的に評価できる課題をつくる

　何かのプロジェクトをデザインしようとしたり、生徒が大きな悩みに直面していると気づいた場合には、それらの悩みに対応できる課題（短いものでも）をつくらなければなりません。これらの課題は、何らかの基準や内容に沿ったものであり、明確な指示が含まれており、繰り返し行えるものでなければなり

ません[10]。

　生徒と一緒に「目標達成のための基準」を使って、課題をうまくこなしているかどうかを生徒自身が分かるようにするのが理想です。これは、有益なフィードバックを集めるための「書き出し一覧」[11]を提供すれば、「目標達成のための基準」をピア・レビューする際にも使えます（33ページの注参照）。

　表2−1は、コア・コラボレティブ[12]の同僚たちが書いた本［参考文献3］に基づいて私がつくったものです。この取り組みでは、ニューヨークの「ニコトラ・アーリーカレッジ・チャータースクール」[13]に協力してもらいました。

---

(8)　この環境については、『イン・ザ・ミドル』、『増補版　作家の時間』、『改訂版　読書家の時間』、『国語の未来は「本づくり」』、『社会科ワークショップ』、『だれもが科学者になれる！』を参照してください。

(9)　繰り返しますが、平等ではありません！　協力者から、「『支援が必要な生徒』を見極め、そこにしっかりと時間をかけてかかわることが大切だと感じます」というコメントが届きました。

(10)　協力者から、「教える生徒の数が多いなかで、これをどうやって実現するのかと悩みます」というコメントをもらいました。一斉授業を続けるかぎり抱えてしまう悩みです。ぜひ、プロジェクト学習（探究学習）、ワークショップ形式や学習センターを使った教え方・学び方に目を向けてください。QRコードで紹介されている文献を参考にしてください。

(11)　「sentence stem」と呼ばれるもので、話し合ったり作文を書いたりする際に思考や発言の枠組みを提供してくれる「足場かけ」です。たとえば「私がうまくできたと思うことは」、「次に取り組もうと思うことは」などの言い回しを生徒に提供すれば、その内容についての考えが生みだせるようになります。

(12)　（Core Collaborative）これまでにない効果的な教員研修を提供する形で、飛躍的な学びを目指している教師の団体です。団体名で検索すると情報が得られます。

表2-1　包括的ルーブリック

課題：次の問いを使って、証拠となる箇所を引用しながらあなたの主張を書きなさい。自分の分析を裏づける証拠を使う能力、文章の意図を推察をする能力、そしてより深く理解するための質問能力があると示すことが重要となります。

問い：マヤ・アンジェロウの詩「Still I Rise（私はまた立ち上がる）」[注]では、語り手が呼びかけているのは誰でしょうか？

5段階の評価基準：
優れている（Advanced）

□すべての「習得している（Proficient）」基準ができている。
□テキストのどこに多義性（どの部分が二重の意味をもっているか？　あるいは複数の解釈が可能な箇所はどこか？）があるのかを判断している。
□より深い理解をするための問いを立てた形跡がある。
□提示されたテキスト以外にもつなげられる。

習得している（Proficient）

□主張を述べている。
□主張を裏づける証拠を挙げている。
□証拠を分析し、それが何を述べているのかを示す明確な推測で裏づけている。
□分析や推測を証拠で支え、それについての自分の結論や意見を明確に示している。

もう少し（Close to / Approaching）

□習得レベルの基準四つのうち三つ
メモ／フィードバック：

努力中（Progressing）

□習得レベルの基準四つのうち二つ
メモ／フィードバック：

はじめたところ（Emerging）

□習得レベルの基準四つのうち一つ
メモ／フィードバック：

（注）　アフリカ系アメリカ人であるアンジェロウが1978年に刊行した『And,
　　　Still I Rise（そして、私はまた立ち上がる）』（未邦訳）所収の作品です。
　　　奴隷解放の日を描きながら、すべての人に生きる力を呼びかけています。
　　　詩のタイトルで検索すると、多くの試訳が見られます。

　注目してほしい点は、課題の方向性がシンプルではっきりし
ており、読むことの基準（課題と同じ内容）に整合性があり、
生徒が練習しやすいように問いが変更できるようになっている
ところです。つまり教師は、ここで例に挙げている「主張する
こと」を目的とする同じ課題に、別のテキストを使って取り組
むことができるのです。そのテキストに合わせて問いを少し変
えるだけでよいのです[14]。

　最初から「習得している」レベル、もしくは「優れている」
レベルに達していると示せる生徒もいれば、別のテキストで同

---

[13]　（Nicotra Early College Charter School）教育委員会の資金補助を受けなが
　　ら非営利組織（学校の教師や保護者が中心）が運営している学校です。定
　　期的な監査が行われており、一定の基準を満たせないと資金が打ち切られ
　　る場合もあります。

じ課題に何度も挑戦するという生徒もいるでしょう。このような包括的ルーブリックを使用するときのポイントは、達成目標を課題に書き換えて、特定のスキルもしくはルーブリックに記載されている目標達成のための基準が示されているかどうかを確認することです。教師は、この課題における明確な基準がないものは評価しないようにしなければなりません。

　単に「もう少し／ふつう／できる／よくできる」などといった4段階の成績では成長するためのサポートができない場合が多いわけですが、形成的な指導と評価を修正・改善できる課題であれば、個別のフィードバックを提供する方法として使えます。つまり教師は、データを集めさえすれば、「メモ／フィードバック」の欄において明確なフィードバックが提供できるということです。

　スキルの向上を目的とした特定課題ルーブリックを使用する際には、まず意味が分からない（新しく学ぶ必要のある）語彙がどれかを生徒に確認してもらいます。そして、その課題で学ぶスキルに関連して、「学習目標に到達できた」と言えるのはどのような状態なのか、具体的な例を探ってもらいましょう。

　実際にほかの生徒の例を見せると、それを自分の学習と結びつけて、自分のやっていることがどのように見えるのか、実感を伴う形での理解が可能になります。

　教師になったばかりのころ、私自身よく例をつくっていましたが、時にはレベルの高すぎるものをつくってしまうことがありました。そんなとき、生徒は「自分には無理だ」と感じてし

まい、彼らに余計な不安感を与えていました。生徒の出発点に応じてそれぞれの学習レベルに合うような例をいくつか見せれば、学習能力に不安を感じることなく、自分がどのレベルに立っているのかが確認できるようになります。

次ページの**表2-2**はコア・コラボレティブの同僚が作成したもので、小学校高学年を対象にした算数のルーブリックの例です。生徒が理解しやすく、また教師が評価やフィードバックがやりやすいように、うまくいった事例が分類されているところに注目してください。

指導事項に沿ったルーブリックを使って目標達成のための基準を一緒に設定する

生徒が課題を理解し、さまざまな習得レベルの段階を理解したら、今度は生徒と一緒にルーブリックの基準を見て、どのような状態だったら「できた」と言えるかを決めます。

まずはそのプロセスのモデルを示して、ルーブリックにある各要素において、「できた」と言えるためには何をする必要があるのかについて生徒と一緒に考えます。

最初の数回は、おそらくこのプロセスを繰り返しているようにしか感じないでしょうが、慣れてくるとその効果が実感でき

⑷　協力者から、「この発想はとても大事だと思います。読み書きや話す・聞くの能力を育てるのが授業だという発想が、とてもよく表れていると思います。日本の国語の授業では、教材文の内容を理解させることに注力してしまうため、これまでに学んだことを応用するという発想がなかなか出てきません。結果として、生徒も（国語の力として）何を学んだのかが不明確になってしまいます」というコメントがありました。

表2－2　問題解決用の解答ルーブリック

優れている
・すべての「習得している」基準ができている。
・いくつかの方法やツールを使っている。
・それらがどのように解決策を支えているのかについて説明できる。

習得している
　主張
　・前後関係の流れのなかで問題を解決している。
　・視覚化されたモデルや解答に単位や目印をつけている。
　証拠
　・すべての作業を示している。
　・問題の視覚化したモデルを含んでいる。
　論理的思考
　・なぜそれを使ったのか、それぞれの方法について説明できる。
　・適切な用語を使用している。
　・なぜその解決策が理にかなっているのかについて説明できる（合理的な答えにつなげている）。

もう少し
・習得レベルの基準七つのうち五つ～六つ

努力中
・習得レベルの基準七つのうち三つ～四つ

はじめたところ
・習得レベルの基準七つのうち一つ～二つ

（出典）ロリ・クック先生の使用許可をいただいて使用しています。

るようになります。

　目標達成のための基準をつくるプロセスに生徒が参加すれば、自分の学習状況を明確に説明するために必要な語彙の確認ができます。そして、次節で説明する「成長マインドセット」を高め続けられるのです。

　それぞれの生徒が「今どこにいるのか」が理解できるように手助けして、次のレベルに行くための道筋を提供すれば、生徒は自己認識を高め、今必要としているものが何かを主張（実施・訳者補記）するための力を身につけはじめます。

　表２−３は、**表２−１**の包括的ルーブリックに関連しており、共同で作成した目標達成のための基準を示す例です。このなかには、生徒が学習状況を自己分析する欄が設けられています。この基準は、表の中の「〜できる（られる）」という文言が示すように、生徒にとって親しみやすい言葉で表現されていなければなりません。そうすれば生徒は、今どのような立ち位置に自分がいるのかを示す箇所にチェックが入れられるからです。

　もし、助けを必要とする場合は、仲のよいクラスメイトや教師であるあなたに相談するでしょう[15]。

---

[15]　協力者から、この評価方法について、「『できた／できない』を○×で評価するものとは似て非なるものだと思います。『助けを求めてもよい（むしろ求めるべきである）』、『自分が分かったことはクラスメイトとも分かちあうべきである』というメッセージが伝わってきます」というコメントがありました。別の協力者からも、「ほかの人を助けられる」という項目について、「これいいですね！　ここまで達成することを目指しましょうという感じがしますし、ほかの生徒への思いやりも感じられるいい表現だと思います」というコメントが届きました。

表2－3　目標達成のための基準についての、生徒の自己分析表

目標達成のための基準	助けが必要	できた	ほかの人を助けられる
自分の主張が述べられる。			
自分の主張を裏づける証拠を挙げられる。			
自分の証拠が何を示しているのかを直接説明できるだけの分析と、明確な推測で裏づけられる。			
分析や推論で自分の証拠を支え、その証拠についての結論や意見を明確に示せる。			

　生徒と一緒に目標達成のための基準をつくれば期待されることが明確になり、知らなければならないこと、やらなければならないこと、そしてより重要となる、どうすればうまくいくのかという不安感は減らせます。しかし、すべての生徒がすぐに学べるわけではありません。私たち教師が「期待していること」が何なのかを可能なかぎり明確にすれば、生徒はより自信をもって学習に取り組むようになります。

生徒の成長マインドセットを育てる

『マインドセット』（今西康子訳、草思社、2016年）という本

で有名はキャロル・ドゥエック（Carol S. Dweck）は、成長マインドセットと固定マインドセットの違いについて幅広い研究を行ってきました［参考文献16］。

　従来の学校教育システムは、固定マインドセットを強化してしまい、学習経験のあらゆる場面で生徒にある種のレッテルを貼りつけてきました。それによって生徒は、「得意」、「不得意」で評価してしまうという発想を身につけてしまい、できないと教えこまれてきた分野の学習については、いとも簡単に取り組みをやめたり、嫌な気持ちや不安感を抱いたりしています。

　教師として私たちは、すべての生徒に「自分には能力がある」ということに気づかせる責任があります。スキルのなかには、習得が難しくてより多くの練習を必要とするものがあるかもしれませんが、意欲的に取り組めば、そのような目標ですら達成できるようになります。

　学習に関する思い違いについてクラスで話し合う時間を設けたり、個人でもグループでも、不安な点に向きあえるようにすれば、教科学習にまつわる自己イメージ[16]がより肯定的なものになります。

　結局のところ、生徒に達成してほしいことがあるのなら、まずは「自分にはできる」と気づかせる必要があるということです。もし、生徒が「自分にはできない」といった固定マインドセットの言い方をしているのを耳にしたら、ていねいに優しく「やればできる」ことを気づかせて、その目標を支援するため

---

[16]　自分で自分をとらえたときのイメージを意味します。心理学用語では「自己概念」とも言います。

のフィードバックを提供してください。

　このフィードバックは、小グループでのミニ・レッスンや直接指導、文書にした個別のフィードバック、一対一のカンファランス[17]、生徒同士のピア・レビューのあとに教師も加わるなどといった方法で行えます。

　さらに、学習の際に使用する言葉も重要であることを忘れないでください[18]。新しい学習内容についてどのように話し合うのかを決めて、練習ややり直しの機会を十分に設けます。その際、「成績をよくするため」ということは強調せず、新しい学習を何回もいろいろなやり方で行えば自己効力感が高まることに焦点を当てます。

　競争心をあおるような言葉は避けて、生徒には「やればできる」と伝えます。生徒とともに計画を立て、必ずその進捗状況を確認しながら、継続的なフィードバックを行ってください。

　また、成長マインドセットにまつわる研究成果を生徒に紹介し、生徒が学習者としての自分をどのように見ているのかを一緒に確認したり、固定マインドセットを克服するための目標設定のために「振り返りの会」を開くというのもよいでしょう。

　このような話し合いにはどうしても時間がかかってしまいますが、「新しいスキルを学んだり、獲得したりするには時間と練習が必要である」と毎日伝えて理解してもらいましょう。

　たとえば、自転車の乗り方を一日で覚えた人はほとんどいません。同じように、複雑な算数・数学の解き方や外国語のスキルも、一日で習得するのは不可能です。よい文章を書くためには、何度も下書きをして、修正を繰り返さなければなりません。

また、理科や社会、算数・数学の内容を理解するためには、探究を繰り返して理解を深める時間が必要となります。このような機会を生徒に与えることが必要なのです[19]。

　最後に、固定マインドセットにとらわれる瞬間は誰にでもある、ということを忘れないでください。生徒が固定マインドセットにとらわれて、なぜ行き詰まりを感じているのかについて考えて、成長マインドセットを取り戻すための行動を起こすためには、どんなときに固定マインドセットにとらわれてしまうのかを生徒自身が理解できるようにしなければなりません。私の父は、「腐った考え[20]にとらわれなければ大丈夫だ」と、いつも私に言ってくれています。

　生徒には、「進歩が見られず、手こずっているときに不愉快になったりイライラする場合があるけど、そのような感情から抜けだすためにも、『まだ分かっていないだけ』だと気づくこ

---

(17)　「カンファランス」とは、教師と生徒の一対一で行う対話形式の指導のことです。ある意味、教える際のもっとも本質的な方法と言えます。興味をもたれた方はQRコードをご覧ください。

(18)　この点についてたくさんのヒントが示されている本が『言葉を選ぶ、授業が変わる！』と『オープニングマインド』です。

(19)　『生徒指導をハックする』第5章にも、同じように生徒の成長マインドセットを育てるための具体的なアプローチが事例とともに紹介されていますので参照してください。

(20)　原文は「stinkin' thinking」で、直訳すれば「臭い考え」となります。「だめなのは私だけ」、「ほかの人はあんなに成功しているのに」、「私って運が悪い」など、自信がないときや人と比べる際に口にしてしまう考え方です。失敗をしても前を向いて努力している人のことを、「あいつは腐らずに頑張っている」と言う場合があります。この表現を借りて訳しました。

とが大切」と伝えてください。じっと我慢をして、練習して、意図的にステップを踏み続ければ再び正しい軌道に戻れるのです。

学校生活を通じて、気質に関する スキルが伝えられるようにする

目標を達成する学習者の具体的な特徴を生徒に知ってもらうことは、成長マインドセットを身につけるうえにおいてとても重要です。そのような学習者は、普段どのような行動をとっているのでしょうか？　生徒が同じような行動を実践して、自分自身のものにするために、どのような指導をすればよいのでしょうか？　その一つの方法が、学習や感情と社会性の成長に直接関係している「学習気質」の力を利用することです。

コア・コラボレティブ（57ページ注参照）の代表であるポール・ブルームバーグ（Paul Bloomberg）氏が、学習気質とは何か、生徒のなかに生産性の高い気質を養うために私たちはどうすればよいのかについて説明しています。

学習気質とは何か

「学習気質」という言葉は「思考の習慣」と呼ばれることもあり、学習者（大人でも生徒でも）が学習に取り組んだり、行ったりする方法のことです。教育関係の著書が多いイギリスの研究者ガイ・クラクストン（Guy Claxton）は、学習気質が、州や国の基準に基づいて教室で展開している次の3種類の学びの基礎になっていると述べています。［参考文献8］

表2-4　16種類の「思考の習慣」（訳者作成）

①ねばり強く取り組み続ける。	⑨明確に考え、正確に伝える。
②衝動的な言動をコントロールする。	⑩五感で情報を収集する。
③理解と共感をもって聴く。	⑪創造する、想像する、イノベーションを起こす。
④柔軟に考える。	⑫驚きと不思議に思う気持ちをもって反応する。
⑤自分の考えについて考える（メタ認知）。	⑬責任あるリスクをとる。
⑥正確さと精度にこだわる。	⑭ユーモアをいかす。
⑦問いをもち、問題提起をする。	⑮互いに協力しあう関係で考える。
⑧過去の知識を新しい状況に適用する。	⑯常に学び続ける。

❶知識や概念の理解の蓄積

❷スキルや問題解決の方法の習得

❸学習に対する態度や「思考の習慣」

　一方、別の研究者たちは、さまざまな分野で成功を収めている問題解決者たちについての研究から16種類の「思考の習慣」を導きだしています［参考文献11］。これらの思考の習慣については、彼らのウェブサイト（www.habitsofmindinstitute.org）、または『*Learning and leading with Habits of Mind*（思考の習慣を使って学び、そしてリードする）』）で詳しい情報が得られます（**表2-4**は、それを分かりやすく整理したものです）。

　学習内容に関連するさまざまなスタンダード（到達目標）

の文書には、実際に学習気質が盛りこまれています。たとえば、各州共通基礎スタンダード（9ページの注参照）の「算数・数学領域の基準」や次世代科学スタンダードの「科学と工学領域の基準（Next Generation Science Standards: NGSS）」は学習内容を重視した気質となっています。

ちなみに、テキサス州では「プロセス・スタンダード」と呼ばれるものがあります。さらに、ニューヨーク州の「次世代の国語（Next Generation English Language Arts）」の基準には、読み手や書き手の生涯にわたる習慣について示されています。

このような学習内容やそれを学ぶ際のプロセス基準は、学習内容を理解し、意味のあるものにするために不可欠です。実際、学習における目標を達成させるためには、内容だけでは不十分なのです。ここで、「思考の習慣」とさまざまな学習内容に関連した基準との関連性を示す例を紹介します。

・思考の習慣
　　──継続すること
　　──責任あるリスクのとり方
　　──柔軟性のある考え方
・各州共通基礎スタンダードの算数・数学領域の基準
　　──問題を解決するための忍耐力
　　──精度の高さへのこだわり
　　──説得力のある議論の構築

・次世代科学スタンダードの科学と工学領域の基準
　　──説明の組み立て方と解決策のデザイン
　　──エビデンス（証拠）に基づいた議論の展開
　　──疑問をもち、問題点を明らかにすること

　別の研究者たちも「教育的公平性のための尊厳の枠組み」を紹介していますので紹介しましょう［参考文献9］。尊厳の枠組みは、以下に挙げる四つの「尊厳能力」または「尊厳気質」に基づいています。

　・忍耐強さ　・寛容さ　・傾聴　・共感

　この研究者たちは、自分に欠けているものはほかの人に与えられないため、自分自身のなかでこれらの気質を育むことの重要性について述べています［参考文献9］。

　これら四つの尊厳気質は、校内にいる大人たちによってはっきりと示され、モデル化されなければなりません。そうすれば、生徒と過ごす日々の仕事のなかでこれらの気質が教えられ、浸透させることができます。生徒も大人も、自分が認められている、公平に扱われている、感謝されていると感じられる「学びの文化」をつくりあげることを目標にしましょう。

　生徒がありのままの姿で愛され、大切にされるためには、公平な授業実践と学校方針が必要であると心に留めておいてください。

　学習気質は、生徒を抑えつけたり、レッテルを貼ったりす

るための攻撃材料として使われてしまう場合もあります。

　たとえば、ユーモア好きな生徒がいることを知っておきながら、教師がユーモアをあまり好まなかったり、教室では役に立たないと思っていたりすると、「ユーモア好き」という情報を使って生徒を軽蔑するような言葉を発して、生徒にとって思い入れ深い大好きな何かを否定してしまい、生徒が嫌な気分を味わってしまうという場合があります。明らかに、これは気質を使うべき方法として適切とは言えません。

　生徒のこれまでの人生のなかで、ある分野である種の気質をうまく身につけていると仮定して、改善したいと思う別の分野でその成功体験が活用できるように手助けするというのがベストです。

　私が音楽を学んでいたころは、協奏曲のような難しい曲でも我慢して演奏できるようになるまで努力をしていましたが、幾何学の問題になると、一転してすぐに諦めていました。今にして思えば、当時の教師が私のことを受け入れてくれなかったり、「私にはできる」と信じてくれなかったことが原因でした。

　私には、できたはずなのです。もし、幾何学の教師が音楽の教師と話をする機会があれば、音楽の勉強において何年も困難に耐えて成功を収めていた私の姿を知ったはずです。私には、気質をつないでくれる「架け橋」が必要だったのです。

　先に挙げたクラクストンは、生徒や大人が学習者としての自分に対してもつポジティブな態度やネガティブな態度は、多くの場合、全体的な学習者のアイデンティティーや学習成

　果に直接的な影響を与える、と説明しています［参考文献8］。

　歪んだ学習アイデンティティー[21]をもっていると、うまく学ぶための力を低下させてしまい、困難な状況に置かれたときにうまく対処できません。多くの生徒は、自分の知識やスキルをある特定の場面では示せても、別の問題や新しい問題を解決するためにそうした知識やスキルを活用（応用）[22]するのが苦手です。

　また、学習者のアイデンティティーとそれに関連する気質は、状況に応じて変化することにも注意を払ってください。たとえば、国語に対しては肯定的な学習アイデンティティーをもっている学習者がいたとしても、その生徒は、もしかすると理科や社会科では否定的なアイデンティティーをもっているかもしれません。

　ネガティブな学習アイデンティティーは、自分は相手にされていないと感じたり、疎外感を抱いたり、虐待を受けたと感じるような授業実践と学校方針によって強められてしまいます。たとえば、従来の成績評価では、失敗と成功のギャップを解消するために必要とされるフィードバックは生徒に提供されていません[23]。

　私が高校生だったころ、数学が苦手なのだという思いが日々の授業における成績評価によってどんどん強くなってい

---

[21]　自分には何もできない、学ぶことが苦手だ、と思ったりすることです

[22]　ある状況で学んだことが、別の異なる新しい状況でいかされることです。専門用語では「転移」を使います。

[23]　「テストに基づくだけの成績をメインにしている評価の大きな問題ですね！」という協力者からのコメントを受け取りました。

きました。私が受けていたのは、小テストや課題、期末テストなどでした。

新しいことを学んでいるとき、私は教師の成績のつけ方やその理由を理解したことは一度もありません。さらに悪いことに、学習をはじめた当初の成績からより発展的な知識を身につけるまでの成績が平均化されてしまったので、時間が経つにつれて成績が伸びているという事実がきちんと反映されませんでした。

このような状況であれば、できるようになったと感じることはできません。私は、新しいことを学んでいる最中に、過去の成績が理由で罰を受けていたのです。

もしかすると、今、あなたの学校には、成績によって選別され、レッテルを貼られているシステムのなかにいるために「失敗した」と感じている生徒がいるかもしれません。そして、彼らは「苦手」意識や劣等感をもってしまっているでしょう。解決策が必要です！

今日に至るまで、なぜこんなことをやり続けているのか私にはまったく分かりません。私は、数学に対する学習アイデンティティーがあまりにも歪んでいたため、統計学の授業をとらなくてもすむように専攻を替えました。私のネガティブな学習アイデンティティーは、「門番」のごとく機能していたのです。つまり、幾何学の授業で身につけてしまった自分自身の歪んだ学習気質のせいで、無限ともいえるチャンスから自分自身を遠ざけていたのです。

とはいえ、よい知らせもあります。このネガティブな学習

アイデンティティーを克服するために、私は数学の教師になったのです。ほかの人に数学を教えはじめたとき、私の世界は一変しました。たくさんのことを振り返って、概念の部分から教えさえすれば、そしてこれまでのミスが自分にとって不利にならなければ、数学は得意になるということに気づいたのです。

　もし、当時の教師が私の学習気質を把握して、どのように学ぶべきなのかについてもっと理解していたら、私は数学の学習経験をもっとポジティブな形でとらえていたでしょう。でも最終的には、私自身の辛い経験のおかげで、生徒には判断力に欠けた学習体験をさせないですんでいます。

　問題を解決して、日常生活や仕事上での困難を乗り越えられるような生涯学習者になれるよう生徒を指導する、もしこれを目標とするのなら、生徒のなかに核となる学習気質を育てる必要があります。そして、思慮深く、自らについてよく理解し、必要な気質や関連する知的思考パターン（あるいは、思考の習慣）の使用方法を知っている必要があります。そうすれば、困難は乗り越えられるのです。

　生徒に学習デザインのプロセスに参加してもらい、学びの核となる学習気質の育み方をともに考えれば、生徒自身が納得し、オーナーシップ[24]が生みだせます。

　生徒が学習のデザインプロセスに参加すれば、目標を達成

---

[24]　「当事者意識」とも言います。ここでは、学習を「自分のものだ」と思える状態のことを指します。言われて学ぶのではなく、自分から、自分のために学ぶということです。

してきた人はどのように考えて行動したり、感じたりしているのかについても学べます。気質に関する学習経験を一緒にデザインすることは、幼稚園から高校までの学校教育から高等教育、人生、そして職業面での成功体験において必要となる活用・応用力（73ページの注参照）を育むためにも不可欠なのです。その目標は、次の三つです。

❶生徒には、自分で気づけるような力を磨いてほしい。

❷生徒には、目標を達成するために必要な気質を見極めてほしい。

❸生徒には、このような気質とそれに関する知的思考パターンを活用し、前に立ちはだかる困難を克服できるようになってほしい。

ポール・ブルームバーグ博士、コア・コラボレーティブ社代表
（『インパクトチームを率いる（Leading Impact Teams）』［未邦訳］の
著者であり、『ピア（同僚）・パワー（Peer Power）』［未邦訳］の共著者）

　生徒に学習気質を理解させる方法の一つとして、困難な状況に直面したときに何らかの気質を使った場合、ほかの人が何を感じ、何を言い、どのように行動するのかをブレインストーミングすることが挙げられます。また、この練習を発展させて、さまざまな気質を使わなければならないような短い場面を想定したシナリオを書いてもらうというのもよいでしょう。これらの活動は、学習者としての自分について、そしてほかの人についての理解を深めるのに役立ちます。

　学習気質を実際に使うためにもっともよい方法は、学校全体にいくつかの気質を浸透させることです。まず、どの気質に焦点を当てるのかを決める際に、生徒にも参加してもらう形ではじめましょう。

　学校全体で決定すること、そしてそこに生徒が参加することは学校全体の結束につながります。さらに、どこに行ってもコミュニティーを形成したり、対処スキルの向上を促したり、学習者としての自分に対する前向きな姿勢が育めます。

＜　目標を設定して生徒のやる気を引き出す

　よく教師は「生徒のやる気を引き出すのは成績だ」と主張していますが、私は、生徒のやる気は目標を達成することによって引き出されると考えています[25]。個人の気質を前向きに発展させるような学習面と、感情と社会性の学習（SEL）の目標を設定するようにと指導すれば、生徒の学習意欲は高められます。そして、彼らが日々取り組んでいることに優先順位をつけ、その時々の取り組みを単純化するといった効果があります。

　実行可能な目標を設定すれば自らの成長度合いが測れますし、自分自身の学習にオウナーシップがもてます。そして教師は、生徒のそうした選択に対して支援ができるようになるのです。

---

[25]　協力者から「これは、『学ぶ』ことを学校に閉じこめるのか、人間が生きていくことそのものであるととらえるのかの違いですね。『学ぶ』ということに対する見方の違いがよく表れていると思います」というコメントが届きました。この点に関しては、同じ著者の『成績をハックする』と『一人ひとりを大切にする学校』がおすすめです。

あなたが教えている学習内容に基づいて設定されたクラス目標に加えて、一連のスキルや知識に取り組む必要があるかもしれません。多くの場合、生徒は、あなたやクラスメイトからのフィードバックを得て、自分がまだ基準を満たしていないことに気づくものです。

もちろん、学年によって目標の複雑さは変わります。年長児の目標は年少児の目標よりも複雑なものです。コア・コラボレティブ（57ページ参照）の教員研修を担当している同僚は、最年少の生徒でも学習目標が設定できる方法を紹介しています。コア・コラボレティブの同僚たちが書いた本のなかで彼は、小学生が読解力を身につけるための目標設定を支援するための手順を紹介しています。

❶はっきりとした目標達成のための基準を設定する（どうなったら目標達成と言えるのか？）。

❷基準を伝えて行動に結びつける（目標を達成するためには何をしたらよいのか？）。

❸証拠を集めてフィードバックをする（基準はどのような証拠に支えられて、どのようなフィードバックをすれば目標達成に役立つのか？）。

❹個人の目標を設定する（自分は何ができるようになりたいのか？）。

❺自分でモニタリングして振り返る（自分のできはどうなのか？　どのように改善したのか？　次は何をしようか？）。

この手順は、実はほかの教科領域にも応用できます。私の同

僚であるアイザック・ウェルズ（Isaac Wells）氏による目標
設定についての考察に関しては、以下をご覧ください。

生徒の目標設定能力を高める

　子どもは幼いころから目標を定めて、それに向かって努力
するということを私たちは知っています。子どもは、自分の
ことを分かってほしいために、欲しいものがあると泣くとい
う行為を覚えて、次に笑った顔を見せて、やがて話しはじめ
ます。

　そして、少し大きくなると、手の届かないところにあるも
のを欲しがるようになり、転がったり、後ずさりをしたり、
ハイハイをしはじめ、まもなくヨチヨチ歩きをするようにな
ります。

　子どもにはやる気があり、目標を達成するための強力なサ
ポート体制があり、そして、最終的にどうしたいのかが常に
はっきりしています。

　一方、子どもが学校で経験するのは、集中力を保ち、何度
も失敗に耐えて（多くの場合、辛い痛みを伴います）、自分
の方法を見つけるといったものです。これらは、先にも述べ
たように、自然な形で身につく能力とは対照的なものである
場合が多いものです。

　しかし、子どもの自然な好奇心にあわせて学習プロセスを
構成すれば、読むこと、書くこと、数感覚、問題解決など、
すべての領域においてより夢中になって取り組み、学びが加
速します。

「歩けるようになりたい」と思うような生まれもった意欲が
なければ、最初の段階は単に目標を意識させるだけとなりま
す。すべての学習者、とくに小学生は、最終的な目標だけで
はなく、スキルを習得したり、理解を深めるための段階まで
認識する必要があります。

「大きな」目標の場合、達成までの道のりにはっきりとした
段階がなければ年少の生徒にとっては理解しづらいものです。

　たとえば、「一人で靴紐を結べるようになる」というのは
素晴らしい目標ですが、実際には「できるか、できないか」
という類いのものでしかありません。それに対して、「自分
の名前の文字をすべて言えるようになる」という目標は、分
解して最初の段階（名前の最初の文字を覚える）から積みあ
げていくことになります[26]。それと同じく、よく使われる単
語を一定数覚えたり、5や10まで数えたりすることで、生徒
は少しずつ習得に向けて進んでいる過程を知ります。

「靴紐を結ぶ」をはじめとするこれらの例には、早いうちか
ら目標を設定するために不可欠となる二つの特徴があります。

　❶具体的であること。
　❷達成するまでの段階が観察できること。

　生徒は、現在の能力を「できたとき」のモデルと比べなが
ら、自分自身でフィードバックを行います。一方、教師は、
次のステップを明確にするために例を比較したり、モデルで
示したり、単純に話をして、生徒が次に何をするべきかが分
かるようなフィードバックを行います。

　生徒には、達成感が味わえるところに目標を設定すればメリットがある、と思ってほしいです。また、うまくできた事柄に注目し、目標に向かってどれくらい前進したのかが分かるようにすれば、努力した分だけ学習にきちんと反映されると生徒も理解できるようになります。

　チェックリストや情報カード[27]、スプレッドシート[28]などを使えば生徒の成長は記録できますが、重要なのは、生徒自身にそれが可視化されることです。たくさんの目標を達成しようとしているとき、取り組んできたことが収められたポートフォリオや達成したものの写真などがあれば、どのように成長してきたのかが振り返れます。

　場合によっては、目標ファイル[29]に描いたグラフ上で生徒のアバター[30]が動くようにしたり、何冊本を読んだか、どれくらい正確に数えられるようになったのかを示すグラフに名

[26]　協力者から、「プランニングの大切さに言及した部分だと思います。心理学の研究では、自分で学んでいける人は、『大きな目標』と同時に、そこに至るまでの『小さな目標』を段階的に組み立てることがよく知られています」というコメントがありました。

[27]　原書では「index card」です。名刺サイズより一回り大きなカードで、ちょっとした覚え書きや、暗記カードとして使われています。ここでは、ちょっとした情報を書き込むメモをイメージしてください。

[28]　表計算ソフトです。日本ではExcelがよく知られていますが、最近はGoogleスプレッドシートのように、ウェブブラウザ上で使えるものが人気となっています。

[29]　生徒自身が目標を設定し、それに向けた進捗状況が確認できるような記録シートやグラフなどを挟むファイルのことです。

[30]　生徒を模したキャラクターや、生徒を表す架空のキャラクターなどを指すと思われます。

前のイニシャルを加えられるようにするなどの方法で生徒自身の成長が示せるようにしてもよいでしょう。

　小さな指標であっても、自分は目標に向かって成長しているのだと分かれば、やる気を高めるのに十分な効果をもちます。

　先ほどの「生徒の目標設定を支援するための手順」（78ページ）に戻ってみれば、次のような教師と生徒とのやり取りが想像できるでしょう。

①はっきりとした目標達成のための基準を設定する。

　教師　これは、丸を使って10まで数える方法です[31]。

②基準を伝えて行動に結びつける。

　教師　丸を集まりの中に入れながら一つずつ数字を数えるので、よく見て、よく聞いてみましょう。

③証拠を集めてフィードバックをする。

　教師　丸を使って4まで数えられるようになったんですね。それぞれの点を動かすとき、数字を一つしか言わないように気をつけていますね。

④個人の目標を設定する。

　生徒　丸を使って10まで数えたいです。そのためには、まず一人で5まで数えられるようになります。

⑤自分でモニタリングして振り返る。

　生徒　これまでたくさん練習して、今は丸を使って6まで数えられるようになりました！　でも、気をつけていないと、いくつまで数えたか分からなくなるので、一つの丸で一つの数字を言うようにしなきゃいけないんです。

　このような5段階をしたのちの6段階目として、現在の目標を再考したり、新しい目標を設定したり、成果物をもう一度確認したり、フィードバックを得るために改めて観察するほか、さらには、自分自身でのモニタリングと振り返りの継続などが考えられます。

　何よりも重要なのは、生徒自身が納得できるまで学び続け、練習を続けるといった継続的な機会を提供することです。授業が終わったり、成績がつけられたことで学習は「終わった」と感じてしまうと、目標に対する自分の立ち位置がどこなのかにかかわらず、学びをやめてしまうという恐れがあります。

　成績や、それに近いさまざまなマークや記号[32]は、年少の生徒にとってはご褒美になるかもしれませんが、年長の生徒にとっては決して学習意欲を高めるものではありません。

　学習には、振り返り、再検討、再考察、修正が必要不可欠です。最終的な成果を理解して、目標を達成するための明確な道筋が見えていれば何度も作業に戻ろうとしますし、遊んでいるときと変わらないプロセスを踏みます。一番高いブロックタワーをつくるのも、雲梯をわたるのも、より難しい本

---

(31)　「(dots card)」と呼ばれるもので、カードの上に赤い丸（●）がいくつも描かれたものを見ながら「●＝1、●●＝2」といった形で視覚的に数を覚えていく方法です。近年、幼児に数概念を教えるときの知育ツールの一つとして日本でも知られるようになりました。似たようなツールに、「ドッツ棒」という、マス目上に丸を並べながら練習するものもあります。

(32)　欧米では、チェックマークやプラス・マイナス記号、スマイルマーク、「よくできました」のシールなどを使っています。日本の「花丸」や「二重丸」に当たります。

を読むのも、成績ではなく、目標が生徒にとっての学習動機
となっているからです。

アイザック・ウェルズ
（コア・コラボレティブの教員研修部門アシスタント・ディレクター）

　中学生や高校生は、文書や口頭による教師からのフィードバッ
クに基づいて自らの目標設定ができます。また、そのフィー
ドバックに基づいて、取り組んでいるスキルの進捗状況を確認
し、目標を自分自身で決めて、それを達成するために必要とさ
れる支援を求めることもできます。
　次節で説明しますが、教師は達成した目標や次の課題につい
て引き続き話し合う機会を通して、生徒がさらに学習できるよ
うにするための情報を入手します。

生徒に学びの振り返り方を教える

　生徒が目標を設定し、学習に参加したあと、効果的に振り返
えれるようになるためには、取り組んできたことやその過程を
見直す機会が必要となります。ただ単に反省が上手というので
はなく、生産的な方法で学びを振り返るのです。
　振り返りとは、学習に関する気質であると同時に、自己認識
の核ともなる部分です。生徒には、「振り返り」とは何かを明
確に伝え、なぜそれを行う必要があるのかについて説明します。
また、生徒に対して「振り返り」という言葉を使うときには、
それが意味している（期待されている）ことを全員が理解でき

ていなければなりません。

　単に「振り返り」とは何かを明らかにしておくだけではなく、そのなかで気づいたことの先にあるステップを生徒がはっきりと認識できるようにすることが大切です。苦労したことやうまくいったことがはっきり分かるようになったら、「さて、次はどうしようか？」と問いかける必要があります。

　つまり、苦労したことで学習者としての自分はどうなったのか？　自然任せではできない事柄をやり遂げるための忍耐力をどのようにして身につけるのか？　さらには、どうすれば「自分自身の振り返り」を振り返ることができるか？　といった問いかけです。

　生徒に効果的な振り返りをしてもらうためには、まず振り返りを行うプロセスについてのしっかりした支援を行う必要があります。ルーブリックと目標達成のための基準を用いた形成的な課題のように、振り返りを教え、練習し、具体的なフィードバックによって評価される必要があります。

　私の経験では、ほとんどの生徒が、振り返りには学んだ内容をある程度特定することが含まれている、と理解しています。一方、学習経験についてよかったことや、気に入らなかったことを共有する機会だと勘違いしている生徒も少なくありません。共有すること自体は悪くありませんが、私がここで取り上げたいのはそういう意味ではありません。生徒は、以下の三点について書く必要があるのです。

❶課題で求められていることについての自分の理解

❷自分がどのように課題を完成したかの説明

❸評価基準に照らしあわせて、課題をどのレベルで完成でき
たのかについての振り返り

取り組んできた学習のなかから取り出した証拠を使って、自
分がこれまでどのように学んできたのかについて理解している
事実を示さなければなりません。とくに３番目については、生
徒がもっともフィードバックを必要とする部分となります。
　次に示すのは、12年生（23ページの注参照）が書いた上手な
振り返りの例です。

分析レポートについての生徒の振り返り

　わたされた有名詩人のリストから詩を一つ選んで、詩的な
技法を軸にして論文を書くという課題が出されました。私た
ちは、選んだ詩を自分なりに分析・解釈して、レポートを書
かなければなりませんでした。
　アン・ブラッドストリート[33]は、私がネットで検索して最
初に見つけた詩人の一人です。ピューリタン（清教徒）とし
ての生い立ちや、物質的な豊かさを避けているような様子が
興味深いと感じ、彼女が書いた詩を一つ選んでレポートを書
こうと思ったわけですが、詩のリストを見たところ、「The
Vanity of All Worldly Things（世俗の虚栄心）」という詩が
一番気になったので、その詩を分析レポートに使うことにし
ました。
　私が直面した課題の一つは、作者が何を意味しているのか
ではなく、言いたいことをどのように意味づけているのかに

ついて書くことでした。選んだ詩が何を意味しているのかは自分なりに分かっていたのですが、作者であるブラッドストリートがどのように意味づけていたのかは分かりませんでした。

　何度も読み返したあと、言葉の「選択（diction）」と「構成（structure）」という二つの要素に注目することにしました。そうすれば、詩のなかで言葉の選択や構造を使って「自分が言いたいこと」をどのように意味づけようとしているのかという点に焦点が当てられると考えたわけです。

　たとえば、どんな人も、どんなものも、最高の状態になるための果てしない旅路のなかで見せる虚栄心については、彼女は言い回しを工夫するなど、意図的な構成をする形で表現していることについて書かれていました。

　さらに、詩のなかに「名誉」、「冨」、「満足」、「美」、「虚栄心」、「名声」、「快楽」、「知恵」、「若さ」、「うぬぼれ」、「不滅」などといったお目出たい言葉を選ぶことで虚しさと華やかさを結びつけて、人々が無知であることや、実際には虚栄心が命取りとなって破滅を導くような悪であることを示している、と書いていました。

　また、ブラッドストリートが「真珠」、「金」、「クリスタル」、

⑶　（Anne Dudley Bradstreet, 1612 ？～1672）アメリカの女性詩人で、アメリカで初めて作品が著書として出版されました。彼女の背景については日本でも1980年代から1990年代にかけて注目され、論じられてきました。以下の論文では、ピューリタン詩人としての彼女に焦点を当てた形で論じられています。平野温美「焼け落ちた地上の家──アン・ブラッドストリート小論」『北見工業大学研究報告』vol.27、1998年

「サファイア」、「オニキス」、「トパーズ」などの言葉を使っているのは、この世界が虚栄心に満ちあふれており、人々の虚栄心を満たすためのモノであふれかえっていることを表している、と付け加えていました。

もう一つ私がぶつかった壁は、この分析レポートに使うアイディアの整理でした。幸い、授業で行ったピア編集のおかげで、友人のミシェルが中心となってレポートの整理をしてくれることになったのでとても助かりました。

私が達成した基準の一つは、「さらなる着想や探究が必要な箇所がどこにあるのかを突き止めるために、焦点が明確かどうか、考えが進んでいるかどうか、展開や構成、結論は適切かどうかについての下書きを評価する」というものでした。

私がこの基準を達成できたのは、下書き段階から分析レポートを完璧なものにするまでたくさんの考えを出し、それらを整理したからですが、実はさらに改善する必要があったので、下書きを常に修正したり、編集したりといった作業を続けました。

また、2回目に書いた下書きを4部用意して、言いたいことが明確かどうか、構成、ちょっとしたミスなどをクラスメイトに確認・編集してもらう必要もありました。その結果、私の分析レポートの下書きは、時間をかけて修正したことや、どのように自分の考えを発展させたり、整理したかを示すものに変化していったのです。

達成したもう一つの基準は、「トピックを選択し、そのトピックについて自分が知っていることは何かを確認し、追加

の情報が必要かどうかを決める」というものでした。

　私はレポートを書くために分析したい詩を選んだわけですが、作者が言いたいことをどのように表現しているのかについて書くことには苦労したので、作者に関する情報を追加で入手することにしました。

　ブラッドストリートのピューリタンとしての生い立ち、そして彼女が物質的な豊かさを避けていた事実を知ったあと、ピューリタンとしての経歴がモノに対する表現に結びついているのではないかと想像し、それについて書こうと思いました。その理由は、モノが人々を破滅に導く原因の一つであることを象徴するために、彼女がそれらを使用していたからです。

　また彼女は、世俗にまみれることなく生きていくという主たるテーマを脚色する形で表し、自分自身が物質的な富を遠ざけた場合と同じく、読者に対しても物質的な富は避けるべきであるというアドバイスを送っていると思います。

　この分析レポートを改善するとしたら、言葉の選択や構成以外に、作者が意図したことをどのように表現しているのかについて論じるための要素を付け加えることです。また、結論の部分は少し短いような気がしているので、さらに結論を書き足す形で改善したいと思っています[34]。

（出典）　かつて私の生徒だったモニカ・シャーマさんの許可を得て掲載しています。

次の例では、経験した個人的な葛藤と、どのように自分と対

話しながらその課題をやり遂げたのかということに注目してください。彼女がこのレポートを書いていなければ、私は今のような考え方にならなかったでしょう。そして、彼女の視点に立って、彼女が取り組んで来たことを知る機会ともなりました。

これによって私は、彼女が抱えていた課題に対して焦点を当てた具体的なフィードバックの提供ができました。

『グレート・ギャツビー』に関するレポートについての生徒の振り返り

このレポート課題では、わたされた質問リストのなかから選んで、それを基にして3ページから5ページの小論文を書く必要がありました……わーい、やったー！……いや、そんな気分ではないです。

とにかく、その質問はスコット・フィッツジェラルドの『グレート・ギャツビー』（村上春樹訳、中央公論社、2006年）からつくられたもので、個人的にはとてもよい本だと思いましたが、レポートを書くというのはあまり楽しいことではありませんでした。

そもそも、レポートを書くという作業そのものが、私の心、魂、身体に大きな負担をかけたのです………と言ってしまうとちょっと大げさかもしれませんね。しかし、正直に言えば、今回のレポートはほかのレポートに比べてとても苦労しました。なので、自分に言い聞かせています。絶対報われる、必ず報われるはず、大丈夫……そう思ってやる気を維持しようと努めました。

　楽観的すぎますか？　でも、パソコンの前に座って何時間も真っ白な画面を眺めているとき、ほかに何ができるというのでしょうか。その時間を潰すために、この作品が書かれた時代についても調べてみましたが、どういうわけか、出てきた情報のほとんどが必要なものとはあまり関係のないものばかりでした。

　結局、その時代について書いてみることが、レポートや自分の考えを広げるためのいいきっかけになるのではないかという結論に至りました。実際、それはうまくいったのですが、自分の考えをまとめるためには問題が残っていました。考えはあるのですが、それがうまくまとまらないように感じたのです。

　さっき書いたように、今までに書いたレポートのなかで一番難しかったと思っています。理由は分からないのですが、なぜか難しかったのです。

　そこで、遅れて提出することにしました。期限内に仕上げ

----

(34)　この振り返りについて、小学校に勤める協力者からコメントをもらっています。「すばらしい振り返りですね。このような実例は貴重です。生徒にとってレポートという提出物を書くだけでも大変なので、それに加えてこのような充実した振り返り文も追加で書いてもらうのは教員として遠慮してしまいますが、やるべきだと思いました。生徒が課題に対してどのように取り組んだのか、そして何ができて、何をもっとしっかりやりたいかという自己評価の思考が分かるので、生徒にとっても、教員にとっても大切な『学びの証拠』となります。ただやって成績をもらって終わり、という学習ではなく、本人の成長を重視した学びのために必要であると改めて思いました」。これとは性質の異なる、しかし極めて効果的な振り返り／自己評価の例が、『イン・ザ・ミドル』の第8章で読めます。

ることもできたのですが、その時点でのレポートを提出すると、みんなに読んでもらうこと自体が時間の無駄になると思ったからです。

正直なところ、自分が書いたものを気に入っていませんでしたし、かといって嫌いかというと、そうでもありませんでした。気に入っている部分もありましたが、うまくつながっていないような箇所があったし、十分ではないなーと感じていたのです。

サックシュタイン先生、先生は馬鹿げていると思うかもしれませんが、自分なりに満足できるものじゃないと感じている場合、私は提出するつもりがありません。

でも、もしかすると、「もっとうまく書けたかもしれないのになぁ」と思いながら時間どおりに提出するよりも、遅くなっても「絶対にこれがベストを尽くした状態だ」と確信して提出し、減点されてもよいと思っていることを先生は理解してくれるかもしれませんね。

前のレポートよりも今回のレポートのほうがうまく書けているような気がしますが、もしかすると個人的な見解でしかないかも……いや、うまく書けていることを祈ります[35]。

私は、以下の基準をすべて達成したと考えています。
W1.1[36]　生徒は、目的、目標、読み手、ジャンルといった要素を分析できる。
W2.1　生徒は、知っていることや今後知らなければならないことが何かについて把握できている。

W2.2　生徒は、情報や考えを生みだしたり、選んだり、関係づけたり、整理したりすることができる。

W3.1　生徒は、まだ下書き段階のもののなかで、重要な点を展開するための文章が書ける。

W3.2　生徒は、自分が意図した効果をもたせるために文体の選択ができる。

W4.1　生徒は、下書きをした文章を発展・整理・焦点化するための評価ができる。

W4.2　生徒は、文体の選択が効果的であったかどうかを判断するための評価が下書きの段階でできる。

W5.1　生徒は、標準英語の書き方や使用方法の決まりに則ってテキスト編集ができる。

W5.2　生徒は、綴りや大文字と小文字の区別、句読点の誤りを修正するために、校正スキルを使ったり、資料の参照ができる。

W5.3　生徒は、正確な引用・適切な出版ガイドラインの使用を目的とした編集作業ができる。

W5.4　発表／出版用のテキストの準備ができる。

---

(35)　小学校に勤める協力者から、「この振り返りの文は、生徒の個性的でリアルな声が対話的に書かれている面が興味深いです。生徒と先生の信頼関係をよく示していて、苦労した理由、遅れて提出する理由など、私が教員だったら、生徒をサポートするうえで是非知りたいな、と思う内容です」という興味深いコメントが届きました。翻訳しているときには気づかなかった視点です。

(36)　各州共通基礎スタンダード、通称「コモンコア」の国語科（English Language Arts）における「書くこと」の項目番号です。「W」とは「書くこと（Writing）」の頭文字です。

94

　私はこれらの基準をすべて達成していると思っていましたが、とくによかったのは、W3.2、W4.1、W4.2、W5.1、W5.2、W5.3、W5.4でした。

（出典）　かつて私の生徒だったアビゲイル・ボーグルさんの許可を得て掲載しています。

　彼女は振り返りの最後の部分で多くのスタンダードを挙げていますが、先に紹介した生徒のように、これらの基準を達成できた理由については具体的に述べていません。私がしなければならないことは、彼女が基準について触れている部分において示している内容を裏づけるために、書いたレポートのなかから証拠として示せるものについてフィードバックを提供することとなります。

　さらに、私は彼女が悩んだ点について話し合い、今後使える方法を一緒に考えられるかどうかを確認するためのカンファランス（67ページの注参照）の場を設定する必要があるでしょう。

　カンファランスを行えば、彼女との関係性が深まるだけでなく、この生徒がなぜ今回のレポートを書くのを難しいと感じたのかに関する貴重な情報が得られます。将来的には、それがさまざまな課題を分類する際に役立つかもしれません。

　振り返りの目的は、生徒が設定した目標を取り上げて、使った方法[37]について説明し、それがどのようにうまくいったのか、またその理由について論じながら、はっきりと具体的に自分の学びについて語ることです。

　このような情報が最適となるデータ収集につながり、現在や

これからの学びを強化するフィードバックを可能にします。また、生徒の声（33ページの注参照）を尊重して、それぞれの生徒が適切なペースで進んでいけるような、情報を提供する今後の評価を開発する際にも役立つでしょう

　もちろん、振り返りの方法は一つではありませんし、文章を書くというスタイルの振り返りがほかの形式よりも効果的である、と言うつもりもありません。文字による学習方法を高く評価するという考え方は、文字言語中心主義（graphocentrism）を永続させることにもなります。それは、教育における白人至上主義の一形態として機能しているものです。

　イギリスの記号論学者であるダニエル・チャンドラー（Daniel　Chandler）は、「Biases of the Ear and Eye（目と耳のバイアス）」という論文［参考文献7］のなかで次のように述べています。

　書くことが話すことよりも優れているという偏見を、「グラフ中心主義」または「スクリプト主義（scriptism）」と呼んでいる。読み書きができる文化の多くにおいては、文章は話し言葉よりも高い地位を占めており、書き言葉が標準であると見なされることが多い。

　20世紀初頭まで、言語学者は音声言語よりも文字言語を優先する傾向があった。日常の会話はほとんど無視され、文法の規則や認められた文化は書き言葉に基づいていた[38]。

---

[37]　ここでは文学作品の分析方法を指します。

96

このような偏見があるため、生徒が学びについての考えを共有する方法として、イラストや動画、音声録音など、生徒にぴったり合ったものが選べるようにする必要があるのです。最終的な目標は、自分が何を学んでいるのか、なぜそれを学んでいるのか、どこを改善する必要があるのかといったことについて、生徒が説明の仕方を知ることです。それらの情報をどのように伝えるのかということよりも、それらを確実に伝える方法が重要なのです。

どのような形であれ、振り返りは生涯にわたって役立つスキルです。それは、次に示す３人の元生徒たちのコメントによって証拠づけられます。

現在、学校現場のプロジェクト・スーパーバイザーであり GIS（地理情報システム）の第三種技術者[39]であるメリッサ・イアチェッタさんは、これについて次のように述べています。

自らを振り返ったり、自分の取り組みについて話さなければならなかったりした経験は、その後の人生においてとても役に立っています。現在、私が12人で構成されているチームのスーパーバイザーをしているのも、こうした経験があるからです！　先生が教えてくれたおかげで、私は管理職を務め続けられているのです。

パターンを指摘したり、ほかの人の作業にクリティカル（9ページの注参照）な目を向けたり、そこからアイディアを導きだしたりするスキルは経営管理に欠かせません。実際、私の評価を読んだ従業員からは、「今後、業務改善していく

のに使えるような具体的なフィードバックが得られたという実感をもった」というコメントが寄せられています。

　誰かを評価するときですが、賛否両方のバランスをとったり、努力を必要とするところと優秀な点を見極めたりすることは得意だと私は思っています。このスキルは、必要な仕事を誰かに任せるときにも役立ちます。

教師になって、現在は小学校4年生の担任であるジェナ・シフマンさんが、次のような見解を寄せてくれました。

　自分の取り組みについて振り返りを書くことで、自らの学びをコントロールし、深く考えられるようになりました。さらに、自分の意見や考えを、具体的な証拠や証明とともに出せるようなったのです。

そして、スキッドモア大学（ニューヨーク州）を卒業したばかりのバーバラ・カソメナキスさんが次のように語ってくれました。

　振り返りを書くことで自分の思考プロセスを確認し、次に続く同じタイプの学習経験のイメージができました。先生が

---

⑱　協力者のコメントです。「まずはこの偏見を認識することが新しい教育への第一歩だと思いました」
⑲　高度で複雑な地理情報システムのマッピングと分析業務を単独で行う職業です。ほかの技術者への作業指示、指導、トレーニングを担当したり、大規模なシステムを調整することもあります。

生徒に振り返りを促したことで、もっとも長く続く影響を私に与えたわけですが、実は、その事実を理解したのはずっとあとになってからです。

　学校の教師や大学教授が生徒・学生の考えや発見を認めれば、お互いに学びあっているなぁーという感じがします。それぞれの分野に精通した教師たちから得られる学びの活用（73ページの注参照）は、生徒・学生への敬意とともに、お互いにとって有益な関係であることを示しています。

　このような学びの活用を促進すれば自分自身が必要としている支援の主張ができますし、学びについての仮説を立てたり、自己発見ができるので、一見威圧的に見える教師に対しても、もっと助けてもらおうと思えるようになりました！

　教育がもつ影響力を理解するためには、現役の生徒や卒業生と話をし、彼らの考えていることを聞く以上によい方法はありません。私たちは、聞くだけでよいのです。

生徒がセルフ・アドヴォカシー[40]をもてるようにする

　最終的には、生徒自身が必要とする支援の主張ができるようになってから学校を卒業してほしいと思っています。この目標を達成するためには、前述したように、まずは自分ができることと助けを必要とすることが何なのかについて見極められるように教える必要があります。また、生徒との関係性を高めれば彼らの決断を支えられますし、彼らがより質の高い質問をすれ

ば本当に必要としている支援が得られるでしょう。

　評価とは、生徒が知っている事柄とできることを理解し、その情報を使って、生徒が成長を続けるためにカリキュラムの調整を行ったり、より的を絞った学習経験をつくりあげることです。的確にセルフ・アドヴォカシーができるようになれば、生徒自身が必要とするものを深く理解しますし、学習者としての自信がもてるような協力関係を教師との間で築けるようになります[41]。

　年長の生徒には、「指定されたオフィス・アワー[42]に、一対一で話す時間を予約するように」と言えば、彼らのセルフ・アドヴォカシーは高まるでしょう。授業時間以外にこのような対話の時間をもてば、十分に気を配ることができます。

---

[40]　原書では「Self-advocate」となっています。主に障害者支援や特別支援教育の分野で知られている言葉で、自らの特性を認識したうえで、必要とする支援を求めて主張できるように指導する場面において使われています。教育以外の分野では、ハンディーを抱える人が自分のニーズを主張できるようにすることを意味します。

[41]　日本において「評価」をこのように理解している教師はどれくらいいるでしょうか。評価とは何か、何のために評価するのかという意味を根本から問い直し、学習や支援にリンクさせる必要があります。

[42]　教員が在室し、特定の生徒・学生に対応するための時間です。日本では、大学に設定されている場合が多いです。協力者から、これに類似した時間に関する思い出が届きました。「アメリカでの大学1年次、哲学を担当していた教授が学期の初めに、20数人の生徒と『校内のカフェで、一対一で15分ずつ話しましょう』という活動を行いました。5～6時間にわたる時間は教授にとって大きな投資だったと思いますが、大学に入ったばかりの私にとってはとても嬉しいことでした。その後の授業でも、クラスの雰囲気はとてもオープンで、まちがいを恐れずに議論がしやすい状態でした。名前を覚えている、数少ない教授の一人です」

　学年が下の生徒の場合は、登校時か放課後、もしくは専科の授業前後に一対一で話す時間はつくれるでしょう。せっかく楽しんでいる授業から特定の生徒を遠ざけたくはないかもしれませんが、30人以上の生徒がいるような高校のクラスでは、一人の生徒のために貴重な授業時間を費やすことは避けたいものです。

　生徒にセルフ・アドヴォカシーを指導したり、その機会を提供するときは、それをやってみようとする生徒が誰で、やろうとしない生徒が誰なのかを認識する必要があります。「自分は重要ではない」とか「自分は頭がよくない」と思いこまされている生徒のように、助けを必要としているにもかかわらず主張する機会を利用していない生徒がいると気づいたら、彼らの尊厳を尊重し、自分の声（主張）を大きくする方法を学んでもらうような別の機会を提供しましょう。

　たとえば、すべての生徒に対して、「オフィス・アワーに会うための予約をするように」と言います。そうすれば、特別扱いされる生徒はいませんし、誰もが支援を受けられるのです。また、一対一の時間を利用して支援を求める方法を教えれば、必要なときに支援を求められますし、それは決して恥ずかしいことではない、と分かってもらえます。

　すべての生徒が、注視してもらったり、必要なときに支援が受けられる権利をもっています。時間を公平に使うという考え方のなかには、生徒に必要なものを提供したり、彼らが過ごしている場所で彼らに会ったりすることも含まれるべきです。

　あまりにも多くの生徒が、特別な支援を受けようとしなかっ

たり、セルフ・アドヴォカシーの方法を知りません。どのような理由であれ、「助けてもらうことは悪だ」と感じさせたり、対話のなかにおいて提供されるべき情報に触れていなかったり、彼らを尊重しない方法で強制するといったことがない環境整備が重要です。必要とすることをはっきり表現できるような環境をつくれば、生徒はエンパワー[43]され、何事に対してもうまくできるようになる機会が得られます。

　かつて教えていた生徒で、今は大学を卒業しているアリサ・ストリアーノさんとザカリー・ダマスコさんが、セルフ・アドヴォカシーに関するそれぞれの経験と振り返りとの関係に関する感想を寄せてくれました。アリサさんは次のように述べています。

　　振り返りは、より正直で、偏りのない視点から自分の能力に気づかせてくれるので、教室を出てからもセルフ・アドヴォカシーがとても役立ちました。振り返りを通して、私自身が正直になれましたし、一番よい取り組みとそうでない取り組みが何なのかが分かりました。それらは、振り返りの前では気づかなかったことです。

　　自分のなかにある強みが分かっていると、行ったことに目を向けて、自分の考えを守るための具体的な理由が示せるので、何か不当なことが起きた場合でも礼儀正しく対峙できると思っています。

────────────

[43]　エンパワーは、「人間のもつ本来の能力を最大限にまで引き出す」という意味です。

一方、ザカリーさんは、ちょっと違った経験をしているようです。

　極めて個人的なことを言いますと、振り返りのプロセスにおいて自分が必要とする支援を主張しようという気持ちが強くなったとは感じていません（振り返りのプロセスがあろうとなかろうと、私は性格的にいつも必要に応じて自分の取り組みを主張・弁護することに慣れていたからです）。しかし、自分の立場を裏づけるための説得力は身につけられたと思っています。

　その鍵となったのは、達成目標が一様ではなかったこと、そして目標を満たしたり超えたりするための方法として、枠にとらわれない選択肢が与えられたことです。それと同時に、型破りな取り組みを受け入れてくれるような寛容な先生でしたので、セルフ・アドヴォカシーの花が開いたのではないかと思っています[44]。

　基準の定義が柔軟であること、また成績をつける人が型にはまらない主張を受け入れるだけの寛容さをもつことは、生徒が必要な支援を主張するために必要であると思います。基準が厳しすぎたり、先生が厳しすぎたりすると、生徒のことを聞いてくれる人が誰もおらず、生徒は教室においてただ作業をこなすだけとなってしまいます……。

　このような状況は、私にかぎらず、ほとんどの生徒が一度や二度は経験しているでしょう。

＜　まとめ

　人間としての、また学習者としての自分自身を知ることになる「自己認識」は、成長する際に欠かせない要素です。自分のことをよく知れば知るほど適切な判断ができるようになり、人生の方向性を決めるような困難な経験に対してもポジティブになれます。

　生徒に自己認識のツールを提供し、彼らが言うことに耳を傾ければ、学習空間における公平性が高まります。生徒の学習経験はそれぞれ異なっていますので、私たちは授業やそのほかの時間を使って、少しずつ違ったものを提供する必要があります。

　生徒が学習についてどのように感じているのか、どこで苦労しているのかを共有したり、彼らが必要とする支援を主張する機会が多ければ多いほど、さらに上手な主張ができるようになるでしょう。自己認識を高められれば、今後の学習に対する取り組み方だけでなく、自己効力感を高めることにもつながるのです。

振り返りの質問

❶セルフ・アドヴォカシーを含めた自己認識を高める雰囲気を　生徒がつくるために、あなたには何ができるでしょうか？

⑷ 何を指して「型破りな取り組み」と呼んでいるのかについては示されていません。たとえば、作文の授業のとき、手で書くのが困難な生徒がスマホなどの音声入力機能を使ったとします。これは、おそらく「型破り」だと見なされるでしょう。これを当然のように受け入れたのが、ザカリーさんの先生なのかもしれません。

❷あなた自身がどのような振り返りのモデルを示せば、生徒に振り返りを促せるでしょうか？

❸あなたは、どんな目標に向かっていますか？　そして、それが分かるようにするためにはどうすればよいでしょうか？

❹生徒の長所を伸ばすためにしっかりとした形成的評価を行うにあたって、乗り越えなければならないどのような壁があなたにはありますか？

❺目標達成のための基準をつくるとき、生徒にどのような役割を担ってもらいますか？

より良く学ぶために自己管理を
促進する(1)

　生徒の自己管理と自己調整能力の欠如は、小学校から大学まで、すべての教師が抱えている悩みの一つです。時間管理、計画・組織化、教室での人とのつながり方（どのようにして自分と気のあう人を選ぶのか、あるいは選ばないのかなど）、行動上の問題などといったさまざまな問題が生徒にあるため、教師は相変わらず苦労をしています。

　CASEL（8ページ参照）は、自己管理能力を次のように定義しています。

> 　さまざまな状況下で、自分の感情、思考、行動を効果的にコントロールし、目標や願望を達成する能力。これには、個人や集団の目標を達成するために、目先の満足にとらわれないこと、ストレスの管理、そして、やる気や行動力をもつことが含まれます。[参考文献10]

---

(1)　協力者から「第3章はとても面白いと思いました。あまり学校現場では教えられていないけど，人生においては大切なことだと思います」というコメントが届きました。自己管理は教えられる、と気づかされる章です。

　これらのスキルが、あなたの学習スペースでどのように現れるのかについて考えてみましょう。もし、生徒たちがさまざまな状況下において、自己管理する方法を特別に教えられていたとしたらどうでしょうか？　そして、うまくできない場合に叱られるのではなく、克服するためのさまざまな方法を学べたとしたらどうでしょうか。

　もちろん、一般的な生徒にも効果はありますが、自己管理スキルは、周囲に圧倒されやすく、気持ちの区切りが苦手な、不安の大きい生徒にも有効です。たとえば、クラスではよい成績を収めていても、成績や進学、就職など、人生を左右するような重要な試験や評価では苦戦するといった生徒です。

　自己管理スキルを分かりやすく教えれば、生徒の自信を高め、目標を達成する能力も高まります。

　本章では、自己管理スキルの向上を促進し、教室内外における学習を整える方法について探っていきます。こうしたスキルに取り組む前に、文化的な配慮も含めて、生徒との関係を十分に築いておけば、傷つけることなく最善となるアプローチの決定ができます。最終的な目標は、生徒が学習のオウナーシップ（75ページの注参照）をもてるようにすることです。

　時間管理

　時間の管理を苦手にしている生徒もいるでしょう。とくに、思春期の生徒の場合はその傾向が強いです。年齢が上がるにつれて提出物などの期日を忘れないように確認してくれる大人が

少なくなり、学習する場所もバラバラになって、生徒自身が時間を管理しなければならなくなります。

　小学校のころは、はっきり期待を示してくれる教師と一緒に１日の大半を一つの教室で過ごしていたので楽だったかもしれません。しかし、中学生になって教科毎に教える教師が代わると時間管理という新たな悩みが生じるため、このスキルを身につける必要があります。

　予定表に何かを書きこんだり、ノート、フォルダ、ロッカー、デジタルドライブ(2)などを整理したりするだけでは十分ではありません。そのような努力をしても、多くの生徒は反応してくれないでしょう。これについては、『宿題をハックする』（コニー・ハミルトンとの共著）という本で私が次のように述べたことが理由となっています。

「努力に応じた結果がもし出なかったとしたら、宿題の進め方や時間の管理方法を誰からも教えてもらっていない可能性が高いです」［参考文献52・邦訳書30ページ参照］

　だからこそ私たちは、課題管理や時間管理がうまく行える方法を生徒に教える必要があるのです。自己管理をすれば現在と将来の自分自身にポジティブな影響を与えられることを理解してもらうためにも、具体的な枠組みや方法を提供する必要があります。

_____

(2)　ハードディスクや USB、パソコンの本体など、デジタルデータを保存している場所のことです。近年では、クラウドストレージに保存することも一般的になりました。

同時に、忘れてはならないのが次のことです。

「子どもの計画性や責任感の育成には、万能となる解決策はないということです。一人ひとりの生徒が自立した学習者になるためには、それぞれ少しずつ異なるものが必要となります」[参考文献52]

幸いなことに、生徒が自立した学習者になる筋肉（能力）を鍛える方法はたくさんあります。少なくとも、生徒自身が時間管理に関する強みと課題には気づけるようになります。

カレンダーと年間予定表

ハイテク、ローテクを問わず、生徒が使えるツールはたくさんあります。そのうち、もっとも重要な出発点となるのがカレンダーです。とくに視覚優位な学習者[(3)]にとっては、やるべきことや、必要な日数を逆算するための書きこみスペースがあれば、時間を整理するだけの枠組みができます。

多くの学校では、学校要覧とカレンダーが一緒になった年間予定表を配布しています。カレンダーには月と週が示されているほか、クラスごとのスペースもあります。授業中に課題などをカレンダーに書きこむための時間を設けることは、「覚えておこう」と言うだけでは忘れてしまうような生徒にとっては、習慣化するための工夫となります。

板書するなどして、教室内のどこかに掲示するのもいいでしょう。なお、カレンダーに情報を書きこんでもらうというのはプロセスの一部でしかありません。生徒に書きこんでもらうだけでなく、実際に参照するといった習慣をつけてもらう必要が

あります。

　カレンダーや手帳の使い方は、支援すれば小学生でも簡単にできます。このレベルでは、「手帳は、その日の出来事を記録する日記のような使い方をします」と言って、「今日起こったことを学校から保護者に連絡したり、明日何を持ってくるのかを覚えておくために、生徒は黒板に書かれた文章を写す」[参考文献52]だけでよいでしょう。

　しかし、手帳の使用を拡大して、さらなる習慣を身につけさせることもできます。次に、いくつかのアイディアを紹介していきます。

　　毎日の出来事を記録するためだけに手帳を使うのではなく、カレンダーがどのように計画を立てるのに役立つかについてモデルとして示します。

　　月間カレンダーが家に送られてきたら、保護者に手伝ってもらいながら、生徒にイベント情報を手帳に書きこんでもらうほか、家族の活動も書き加えるようにすすめます。こうすれば、自分にかかわる行事や予定の全体像を把握したうえで時間の計画が立てられるようになります。

　　授業では、定期的に手帳の先のページを見て、生徒自身の予定を考えるように促します。たとえば、大好きなおばさんの誕生日が来週だとしたら、それをテーマにして、おばさん

---

(3)　何かを学ぶとき、目から入る情報を利用するほうがより学べるタイプの学習者のことです。逆に、聴覚優位な学習者は、音を聞いて学ぶほうがより多くを理解します。

110

に贈る詩をつくってみてはいかがでしょうか。

　計画作成について生徒に教えれば、先延ばしが減らせます
し、時間管理の方法を考えるための利点が強調されます。何
もせず、無駄に過ぎていく時間を眺めるのではなく、どのよ
うに時間を使うのかについて考えるのです。[参考文献52]

　高学年の生徒には、重要な日付が記載された授業概要を用意
すれば、学習に関する長期的な目標が立てやすくなります。さ
らに、Google カレンダーなどのリマインダー機能の使い方を
紹介すれば、より効果的なサポートとなります。

　期日を入力する際、生徒はどのくらい前に通知すればよい
かの判断をします。「はじめよう」というリマインダーを送
る生徒もいれば、「プロジェクトの締め切りは３日後」とい
うリマインダーを送る生徒もいます。このように、それぞれ
に合わせた方法で時間管理を教えて、それぞれの生徒の学習
習慣を尊重し、「口うるさい」と感じさせないようにします。
それでも有益なリマインダーは得られます。[参考文献52]

課題のタイムラインとベンチマーク（判断基準）
　一回の授業では終わらないプロジェクトや課題を作成する場
合は、その課題をいくつかのパーツに分けるとよいでしょう。
完成までの過程に沿って、各パーツをいつ提出するのか、また
いつ教師の確認を得ればよいのかという判断基準を設定します
（表３−１を参照）。

表3−1　最終的なリサーチペーパーのための課題シート

概要

　特定の批評理論[注1]のレンズを通して、今年読んだ二つ以上の文学作品を取り上げ、12〜15ページの論文（一行空けてタイピングする）を書きあげます。

目的

　大学での学びに備えて、学術論文の研究の仕方、書き方、出典の示し方を学びます。生徒はこの課題を仕上げるために、大学図書館の利用方法を学びます。

テーマの詳細

・今年読んだ文学作品のなかから2冊を選んでください。テーマ、文体、語法、そのほかの文学的な工夫や要素を比較、対照、分析してください。

・選んだ作品を議論または分析するために、特定の批評理論を選択してください。たとえば、フォルマリズム、構造主義、読者反応批評、精神分析論、マルクス主義批評、新歴史主義、フェミニスト文芸批評、ジェンダー研究、伝記的批評などです[注2]。

論文の詳細

　論文の長さは12〜15ページで、ページ番号は下段の中央に配置します。一行空けて書き、余白は1インチ、フォントは Times New Roman の12ポイントとします。

・論文にはタイトルをつけます。

・研究は、あなたの論題に関して行う必要があります。ほかの人は何と言っているのでしょうか？

・著者や批評理論について調べておきます。

・引用文献と参考文献のページが必要です（注釈付き文献）。

・論文全体を通して適切な MLA^(注3)の引用が必要です。

・あなたの進捗状況とプロセスを描いた2～3ページの振り返り を添付してください（詳細は後述）。

・途中で使用した作業（論文のコピー、注釈、アイディアなど） はすべて添付します。

中間チェック・カンファランスと期待する事柄

　研究の間に、少なくとも1回は私とカンファランスを行います。 カンファランスでは、あなたの研究と導入部分の文章を見せても らいます。また、あなたが直面している具体的な疑問や課題も示 してください。

　週に数回、授業内において非公式なチェックを行う予定です。 期限が来るまで、あなたがこの論文に取り組めるように毎日授業 をしますので、作品は常に持ち歩いてください。

本論文の評価

　この論文では、個々の達成目標に基づいてフィードバックを受 けることになります。カレッジボード^(注4)のウェブサイトに掲載 されている AP ルーブリックと AP スタンダードによる、これま でと同じ達成目標を用います。以下が4段階の評価基準です。

①熟達している

　文学批評理論のレンズを通して、少なくとも二つの文学作品を 取り上げた明快な論文である。アイディアを十分に展開させてい る。証拠に基づいた研究である（ただし、圧倒的な量ではない）。 MLA の引用が正しく、「引用文献および参考文献」ページが設け られている。論文は適切に構成されており、一貫性があり、適切 なテーマの移行がなされている。きれいな洗練された文体であり、 軽微なミスが少なく、明確な結論がある。取り上げた作品はすべ て添付されている。

②習得している

文学批評理論のレンズを通して、少なくとも二つの文学作品を取り上げた明快な論文である。アイディアを適切に展開させている。証拠に基づいた研究である（ただし、圧倒的な量ではない）。MLAの引用が正しく、「引用文献および参考文献」ページが設けられている。論文の構成はなされているが、テーマの移行では幾分問題がある。きれいな洗練された文体だが、いくつかの軽微なミスがある。明確な結論がある。取り上げた作品はすべて添付されている。

③もう少し

文学批評理論のレンズを通して、少なくとも二つの文学作品を取り上げた論旨があるが、表面的な理解に留まっている。アイディアを展開させてはいるが、完全ではない。証拠に基づいた研究である（ただし、圧倒的な量ではない）。MLAの引用をしようとしており、「引用文献および参考文献」ページがある。論文の構成はなされているが、テーマの移行では幾つかの問題がある。軽微なミスがあるが、結論はある。取り上げた作品はすべて添付されている。

④はじめたところ——まだまだ

文学批評理論のレンズを通して、少なくとも一つの文学作品を取り上げた論旨があるが、その方法の理解が浅いか、まったく理解していないことを示している。アイディアに触れられてはいても、適切に具体化されていない。証拠に基づいた研究である（ただし、圧倒的な量ではない）。引用を試み、「引用文献および参考文献」ページがある。論文の構成はなされているが、テーマの移行では幾つかの問題がある。軽微なミスもあるが、結論はある。取り上げた作品はすべて添付されている。

　未完成のものや「引用文献と参考文献」のページがない研究論文は受理されません。このことについて追加のサポートを必要とする場合は、カンファランスを求めて相談してください。

振り返りの仕方

　この課題に取り組む際には、自分が行っていることについて注意深くメモをとってください。どのような課題に直面していますか？　どのようにそれを解決しますか？　どのような手順を踏みますか？

　終了後には、自分が行った作業を振り返ります。計画どおりでしたか？　何がうまくいきましたか？　なぜ、そう言えるのですか？　違った方法で行うためには何が必要ですか？

ベンチマークの日付

5月5日　リサーチペーパー(注5)を書くための作業トピックの提出期限

5月6日　クィーンズカレッジ（以下、QC）図書館へ初めて訪問

5月10日　論文課題の提出期限

5月11日　活動計画書の提出期限

5月12日　QC図書館へ2回目の訪問

5月13日　注釈付き文献の提出期限（ディーゴ(注6)を使って参照・引用した作品など、自分が使いやすいもの）

5月16日　概要の提出期限

5月17日　3回目のQC図書館訪問

5月19日　第1稿の提出期限（最低でも5ページを打ち込んで、1行空けて書くこと）

5月23日　大学図書館の日にカンファランス（リストは事前にメールで送ります）

5月24日　第2稿の提出（打ち込んだ8〜10ページ）

6月6日　最終研究論文の提出期（印刷物か電子ファイル）

６月６日　振り返りの提出期限──ｅポートフォリオにアップロード

(注１)　「批判理論」とも訳されます。現代社会と人間について考える哲学の立場で、マルクスやフロイトの精神分析学などの影響を受けていると言われています。

(注２)　「フォルマリズム」とは内容よりも形式を重んずる立場、「構造主義」とは人間の社会的・文化的現象の背後には目に見えない構造があると考える立場、「読者反応理論」とは一人ひとりの読者がテキストに反応することで「意味」が生成されるという読者の役割を重視する立場、「マルクス主義批評」とは文学をマルクス主義の歴史観による生産物とする立場、「新歴史主義」とは歴史は語り手によって再編されるという歴史観で、テキストを権力関係のかかわりから分析する立場、「フェミニスト文芸批評」とはフェミニストの立場で行う批評、「ジェンダー研究」とはなぜそれがジェンダー的に問題なのかを考える視点からの立場、「伝記的批評」とは作者の人生の繁栄を見る立場、のことを言います。

(注３)　(Modern Language Association) アメリカの代表的な学術論文形式の一つで、非常に多く用いられている論文のスタイルです。

(注４)　AP プログラムも含む高等教育カリキュラムの策定・運営を行っているアメリカの非営利団体です。AP プログラムについては、22ページを参照してください。

(注５)　リサーチペーパーも研究論文ですが、実践・実務研究としての性格をもつものも含まれるため、結論と論証では学術論文ほど高いレベルは求められませんが、一定の水準に達している必要があります。

(注６)　(Diigo.com) 注釈付きで Web サイトがブックマークできる機能があります。

この方法には次のような利点があります。

生徒に小さな課題を与え、それが大きな結果につながれば作業がより管理しやすくなります。そして、プロセスの各段階で生徒の作品を確認し、具体的なフィードバックの提供が可能となります。さらに、手遅れになる前に、道を逸れてしまいそうな生徒に対してフォローができます。

　表3－1に示したのは、あるクラスにおける長期プロジェクトや論文の課題シートの例です[4]。期待される内容と具体的な期日が明確に理解できるようにするため、隅々まできめ細かく記述されているところに注目してください。

　このプロジェクトの間、私はスプレッドシートを作成して、基準となる取り組みを生徒が提出した際、とくに締め切り前に提出したかどうかについてチェックができるようにしました。また、このスプレッドシートは、チェックしたりカンファランス（67ページの注参照）を行ったりする際にはメモをとるための場所にもなり、負担を感じたり、期待にこたえたりすることに苦戦している生徒を把握して、より頻繁に彼らとかかわれるようになりました。

　私の目標は、すべての生徒が目標を達成することです。それゆえ、続けるために何をしているのか、何が一番の問題なのかについて彼らと話し合う時間もとっています。ほかの生徒よりも作業が遅いだけだと分かっているなら、とくに提案する必要はありません。しかし、先延ばしにしたり、気が散りやすいなど、計画や時間の問題が示された場合は、役立ちそうな可能性のある方法を工夫しました。

　授業中に行う短い課題では、次のようにして生徒が時間内に作業を完了できるようにしています。チェックポイントを板書し、制限時間を設けてその部分をやり遂げてもらい、時間になったら楽しい音を流しています。グループワークでは、課題を完了するために生徒自身の指標作成ができます。また、授業中、定期的に生徒をチェックすることにも役立ちます。

プロジェクト学習

　プロジェクト学習（Project-based Learning・以下 PBL）と
は、「生徒が現実世界に存在する、個人として意味のあるプロ
ジェクトに主体的に参加する学び方・教え方」[5]のことです。
生徒が興味をもつ探究課題に深く取り組むことを求める本物の
学習体験[6]を促進して、教室における学びをサポートします。

　PBL は、自己管理能力やそのほかの SEL の核となる能力を
伸ばしながら、必要な学習スキルや内容知識を生徒が身につけ
る最適な方法です。

『Rigorous PBL by Design（生徒が主体的に取り組む PBL の
設計）』［参考文献39］の著者が次のように述べています。

　　優れた PBL をどのようにデザインすれば生徒が内容の理
　解を深め、最終的に知識を応用・活用できるのか。従来のよ

---

(4)　協力者から「アメリカの高校、大学では、基本的にこのような論文の課題
　　シートで課題が出されました。日本の高校ではあまりないでしょうか？
　　とくに、これは AP なので、高校にしては要求の高い課題ですね。大学に
　　入ると、草稿の提出やカンファランスは多くの授業で教員の管理や要求が
　　なく、自己管理と『支援の自己要請』が必要になりました」というコメン
　　トがありました。日本の高校の現状はアメリカとは随分異なっているよう
　　です。
(5)　PBL の普及でもっとも有名な団体（https://www.pblworks.org/what-is-pbl）
　　がまとめた本が『プロジェクト学習とは』ですので参考にしてください。
(6)　「本物の学習体験」とは、実際の生活や社会で直面するような現実的な問題
　　場面での解決方法を考えることです。そのなかで生徒を評価するときは
　　「本物の評価」と言います。「真正の」と訳されることもあります。教科書
　　をカバーして、テストでその記憶力を測るような、学校のなかだけで完結
　　する学習体験を「偽物の学習体験」や「偽物の評価」と位置づけることで
　　際立たせています。

118

うなやり方で授業を行い、簡単な試験やテストで評価するのではなく、生徒を巻きこみ、その過程で生徒が何を知っているのか、何ができるのかを実際に見取る教え方が PBL です。

PBL には、継続的なフィードバックと問題解決が構造的に組みこまれているからです。

さらに、問題解決型のアプローチの利点を指摘し、PBL を「21世紀にふさわしい成果に対応し、21世紀に必要とされる仕事に関連する行動を真似られ、現実世界の問題を実際に解決する機会を生徒に与えられる教育手段」と表現しています[7]。

現実の問題を解決する機会を生徒に提供するだけでなく、取り組みたい問題を生徒に選ばせることもできます。これには、市民としての意識や社会的スキルを育むためのサービス・ラーニング[8]といった機会も含まれます。

「PBL を社会正義のためのツールとして使用する」という記事のなかで、中学高校の教師で、PBL の推進者であるチャリティー・パーソンズ先生は、生徒にとって重要な社会正義の問題に深く入りこむために、PBL がどのように役立つのかについて論じています。

プロジェクトの過程で……私たちは、目の前の問題に対する生徒の質問、考え、課題と思われることなどが引き出せます。生徒が鍵となる質問に対する答えをまとめているときに、生徒が最初に抱いた疑問や発見した答え、新たに見いだした質問を再考するようにと私たちは促せます。[参考文献45]

　パーソンズ先生は、ある研究者の指摘を引用しながら、生徒が最初に抱いた疑問や考えを常に参照するという行為は、社会正義のための教室をつくる四つの提言を実現することになると述べています［参考文献13］。その四つとは次のとおりです。

❶生徒の生活に結びつける。

❷現実世界の問題や複数の視点に結びつける。

❸教室に探究者のコミュニティーをつくる。

❹本物の評価（117ページの注参照）を行う。

　また、生徒に考えさせたい質問を提案したいという教師の熱意を認めたうえで、生徒が主導権をとるようにと求めています。

　　私は、教師たちが生徒に探究してもらいたい質問を予想して、計画するといったことが大好きです。そういうときに私は、よく教師たちに尋ねています。

　「生徒にこれらが見いだすべき質問であると生徒に伝えるのではなく、生徒が自力で質問にたどり着く（彼らに自分の声／考えと選択権を与える）のをサポートするために、あなた

⑺　PBLには、ここで紹介されている「プロジェクト学習（Project-based Learning）」と「プロブレム学習（Problem-based Learning）」があります。両方とも略すとPBLとなり、その方法も、現実に存在する問題を扱って解決するという点でもまったく同じです。プロブレム学習については、『PBL～学びの可能性をひらく授業づくり』を参照してください。

⑻　ボランティア活動のように、教室で得た知識を地域社会において社会貢献活動を行うことです。学習者と地域社会が連携し、双方に利益がもたらされます。日本で行われているボランティア活動、キャリア教育、職場体験などとの違いを明らかにすると面白いと思います。

はどうしていますか？」

　いつも私は、生徒自身がどのような質問をつくりだすのか
と興味深くうかがっています。[参考文献45]

　パーソンズ先生が提案するように、PBL は学習と評価のプロセスに生徒が参加するという素晴らしい方法です。生徒が授業中にプロジェクトに取り組んでいるとき、必要に応じて手助けをしたり、生徒の生活や興味関心に結びつくスキルや内容を身につけるための実地経験も与えられます。また、プロジェクトは長期間にわたって行われるため、時間の管理や目標設定のスキルを磨く機会ともなります。

＜　リサーチペーパー

　PBL と同じく、リサーチペーパーも時間を要します。それらを宿題としてではなく、教室でサポートをしながら作業をさせればうまくいく可能性が高まります。

　多くの大人でさえ一人前の研究者になるためには何年もかかるわけですから、４年生や９年生が何の支援もなしに研究を進めるというのは非現実的です。自己管理という点からいえば、研究という課題に取り組むためには、ストレス管理やモチベーションの維持などといったスキルの向上が確実に求められます。とくに、研究がうまく進まないときに必要となります。

　私はよく、研究のステップを結婚に至るまでの過程にたとえています。生徒がテーマを決めようとしているころは求愛段階

にあると言えます。もしかしたら、一度に数種類の考えと「付きあう」場合もあるでしょう。時間が経つにつれ、そのテーマとの関係が、追究に値するのかどうかを検討していきます。そして、「より深く追究する」と言い交わす（決断する）のです。

　すべての約束された関係がそうであるように、そこには苦労がつきものです。情報源が当初の前提をサポートするとはかぎりません。よって、新しい情報を得たときには柔軟に対応し、学んだ内容に基づいてテーマに対する取り組み方を継続的に判断していく必要があります。

　自分のテーマと「結婚」しているという状態は、そのテーマに全力で取り組んでいることを示します。もちろん生徒は、すべての情報が必要なサポートをしてくれるわけではなく、また、より深く掘り下げるための新しい道筋を提供してくれるとはかぎらない、という点を理解しています。

　初めて研究する生徒は、このプロセスに挫折しやすく、途中でやめてしまいたくなるかもしれません[9]。よって、生徒をサポートする際には課題のなかに指標を設け、必要なものが見つからない場合や、見つけた情報に基づいてテーマを調整する必要がある場合は、どのようにテーマを修正すればいいのか、何をしたらいいのかについてモデルで示す必要があります。

　行動計画や概要を書かせることは、生徒を目標達成に導くた

---

(9)　協力者から「高校の『総合的な探究の時間』のサポートをすることがありますが、生徒は自分の想定とは違うデータや文献を受け入れようとしない場合が多いです。（教科書に載っている）誰かがつくった正解を受け入れるばかりで、答えのない問題に対して自分で答え（仮説）をつくるといった習慣がないのだと思います」というコメントがありました。

めの重要な第一歩です。そうすることで、何が言いたくて、何をしたいのかについて真剣に考える時間を与えます。また、作業を終わらせ、リサーチペーパーの期限を守るために、個人的な指標となる日時を設定するようにします。

　私が担当したリサーチペーパーに対する生徒の行動計画と概要を例として掲載します（**表3－2**）。この生徒は、リサーチペーパーの初稿を出す前に、この計画と概要を提出しました。私は、順調に進めているのか、書きはじめる前にもっと深く掘り下げるところがどこなのかについて、初期段階で生徒にフィードバックを与える機会を設けました。

表3－2　リサーチペーパーを作成する際の生徒の行動計画と概要（生徒が作成したもの）

行動計画

①エッセイで書く内容の詳細な概要を書いておきます。書きはじめるとき、自分がすることについて明確な書式があるようにします。（金曜日と土曜日）

②オーウェルについてもっと調べて、自分が何を証明しようとしているのかを理解します。（土曜日）

③序文を書きはじめます。授業で教わったように、大きなことからはじめます。（序文でビッグ・アイディア[注1]を出し、テーマの絞り込み）（日曜日）

④最初の下書きを書きます。引用や直接的な情報を用いずに、本やテーマについてすでに知っていることに焦点を当てて第1稿を書きます。（月曜日）

⑤クイーンズカレッジの図書館で『1984年』[注2]のハロルド・ブルームによるガイド[注3]を見つけ、オーウェルの戦争観を示すほかの本も探してみます。元々持っていた本に戻り、よく調べ

てみるのも一案かもしれません。（水曜日）

⑥すべてのリサーチを終えたら、インターネットでさらに情報を探して第1稿に追加し、第2稿をつくりはじめます。（水曜日）

⑦似たようなテーマを扱っているクラスメイトたちと草稿を読みあって検討し、支援が必要な場合はサックシュタイン先生のところに行きます。

⑧自分のリサーチペーパーに修正を加え、完全な状態に仕上げます。

⑨文献を整理します。

⑩自分の作品をまとめて提出します。

リサーチ・レポートの概要

Ⅰ　はじめに

　Ａビッグ・アイディア——私たちは、生涯を通して出会うあらゆる人やモノから影響を受けます。些細なことから人生を変えるような影響まで、さまざまです。このような影響が不意に訪れた場合、適応しようとするための苦労に直面するわけですが、その際、正しいと思っていたこととまちがっていたことの境が曖昧になります。

　Ｂ文脈——オブライエン（注4）の『本当の戦争の話をしよう（The Things They Carried）』は、ベトナム戦争中の男たちを描いた作品です。彼らは、戦争に行くという選択をしたわけですが、遭遇した出来事にショックを受けました。恐ろしい体験を処理し、効果的に対処しようとするなかで、彼らはすべてのものに対する見方を変えはじめたのです。

　　オーウェルの代表作となる『1984年』は、オセアニアという国の抑圧的な社会に巻きこまれた男、ウィンストン・スミスを描いたものです。その後、誰も信用できず、常に監視された状態で「過去」というものが存在しない場所で生活していると、「服従」が当たり前のように思えてしまいます。し

かし、ウィンストンは、この生活に違和感を覚えはじめ、やがてその不満は不快感を通り越して、ビッグ・ブラザー（登場人物）という存在や社会全体を違った目で見直すようになりました。

C 論旨——ジョージ・オーウェルの『1984年』とティム・オブライエンの『本当の戦争の話をしよう』は、戦争や抑圧的な政府が人の信念に与える影響について、それらに脅かされたり、時には心に深い傷を負った登場人物を通して描かれています。社会や政治に対する見解の反映として著者が文体を選び、社会や文化のありようを表しているのです。

D 次の段落への移行

Ⅱ **戦争／抑圧的な政府とその影響について書きます。**

A 自然権[注5]と、それが奪われた場合に起こるであろうこと。

B 戦争を経験していたり、常に戦争という考え方をもっている社会のなかで生きていると、そのような生活が当たり前のように思えてきます。しかし、そのような社会から連れだされ、反対側の社会にさらされると（あるいは、逆に反対側の社会からやって来て、この社会にさらされると）、人は物事を処理する能力が損なわれ、時には危険な対処法に頼るようになります。

C （私の意見では）戦争とは何か、そして、戦争や抑圧された状態で暮らすことがなぜよくないことであり、なぜ変化をもたらすことが可能なのか。

Ⅲ **テキスト1 『本当の戦争の話をしよう』**

A ベトナム戦争とその時代の思考様式は人々にどのような影響を与えたのでしょうか。

B 『本当の戦争の話をしよう』は、私の論旨をどのように証明するのでしょうか。オブライエンの『本当の戦争の話をし

よう』は、各人がもっているもの（対処法）のような非常に
小さなものから登場人物の変化や成長を示す出来事まで、小
説全体のなかで明らかにしています。

C　この小説の登場人物と、実話をもとにしたテレビ番組のシ
リーズ『ジェネレーション・キル』(注6)のような外部の情報
源との関連を考えてみます。クロス中尉のようなフィクショ
ンのキャラクターが、実在のコルバート軍曹にどのくらい似
ているのかを見ます。また、オブライエンの小説における主
要登場人物にも同じことを試してみて、この小説がいかに正
確に現実の戦争の影響を描きだしているのかを紹介します。
なお、作中の兵士アザールは、『ジェネレーション・キル』
のトロンブリー下級伍長、またはキーレイやレイ伍長に似て
います。

Ⅳ　テキスト2　『1984』

A　第2次世界大戦と冷戦、それがこの時代の人々の思考様式
にどのような影響を与えたのか、そしてそれがどのように変
化したのか。この時代の人々の考え方にどのような影響を与
えたのでしょうか。また、社会全体をどのように変えたので
しょうか。

B　抑圧的な社会。日記を書くことが禁止され、思想犯は最悪
の犯罪として扱われます。子どもは親を通報することができ
るくらい、親よりもビッグ・ブラザーを愛するように仕向け
られます。反乱を防ぐために言語が変更され、人々が姿を消
しても変化に疑問をもつことは許されません。

C　抑圧されたことによる不満が、ウィンストンの目を社会の
不正に向けさせます。女の子と会ったり、日記を買って書い
たり、ビッグ・ブラザーに不利な証拠を見つけようとするな
ど、命がけの危険な行動に借り立てられた結果、囚われの身
となってしまいます。

Ⅴ　オブライエン

　Ａ　ベトナム戦争は、オブライエン自身と彼の戦争観にどのよ
　　うに関係しているのでしょうか。また、なぜこの小説を書こ
　　うと思ったのでしょうか。それは、彼がこの小説にいかに親
　　近感をもっているのかということと、おそらくこの小説の一
　　部や登場人物が彼自身を反映するものであると示すためで
　　す。

　Ｂ　文体の選択が、どのように彼の見解を反映しているのでし
　　ょうか。彼が言ったことや、ある物事に対する彼の感じ方を
　　見ます。それが小説のなかでどのように描かれたり、登場人
　　物によって模倣されたりしているのかを理解します。小説の
　　舞台はもちろん、ティムや大尉、あるいはもう一人の主要な
　　登場人物に注目してみてください。

Ⅵ　オーウェル

　Ａ　第２次世界大戦や冷戦との関連性、『1984年』を書く必要
　　性を感じた理由、戦争や抑圧全般に対するオーウェルの考え
　　方などを紹介し、主人公のウィンストンは作家自身を反映し
　　たものであるということを伝えます。

　Ｂ　この社会の全体的なフォーマット（ビッグ・ブラザーの概
　　念、規則、抑圧の程度）のような文体の選択を指摘します。
　　そして、彼の人生のあり方や、冷戦後、彼がそれをどのよう
　　に想像したのか（あるいは恐れたか）を比較します。

　　『1984年』は、本質的に、この時代の社会に対する彼の見解
　　（あるいは批判）を記したものであることを主張します。

Ⅶ　自分の主張をさらに証明するためにほかに付け加えたいこと

　　おそらく、この２冊を比較したり、自分のテーマを強化した
　　りするために、外部ソースとしてほかの小説『猫のゆりかご』[注7]
　　に言及したりします。あるいは、２人の作家が書いたほかの本

にも言及し、その本でも同じことが行われている事実を述べます（たとえば、オーウェルの『動物農場』[注8]）。

Ⅷ　結論

A　締めくくり。このエッセイのテーマ（戦争）や心理学に関連する、状況に基づく何かを記します。

B　読者に考えさせること。誰もが共感できるような指摘や質問をします。誰もが経験し、同じレンズを通して見れることに言及するかもしれません。

（出典）　アーディス・デ・レオンさんの許可を得て使用しています。

（注1）　大切な概念（コンセプト）、問題、考えなどのことを指します。『読む文化をハックする』の第4章で、ビッグ・アイディアを「コンセプト」として使った実践が紹介されています。

（注2）　イギリスの作家ジョージ・オーウェルが1949年に刊行した小説で、近未来の全体主義的世界を描いたディストピア小説として有名です。ハヤカワ epi 文庫から高橋和久による新訳版が出版されています。

（注3）　（Harold Bloom, 1930～2019）アメリカの文学研究者、批評家です。世界文学の古典についての膨大な論文集を編纂し、そのすべてに序文を書いています。

（注4）　大学卒業後すぐに徴兵され、1969年から1970年にかけてベトナム戦争に従軍し、帰還後、ワシントン・ポスト紙の記者となって本を執筆しました。『本当の戦争の話をしよう』は、1998年に村上春樹訳で文春文庫として出版されています。

（注5）　自由や平等の権利など、人が生まれながらにしてもっていて、国家権力でも奪えないとされる権利のことです。

（注6）　（Generation Kill）2003年、アメリカ海兵隊第一偵察大隊が先鋒としてイラクに侵攻した40日間の話です。記者として参加したエヴァン・ライトの本に基づいています。

（注7）　（Cat's cradle）1963年に出版されたアメリカの作家カート・ヴォネガットの SF 小説です。

（注8）　（Animal Farm）1945年の作品で、人間を動物に見立てることによって民主主義が全体主義へと陥る危険性を寓話的に描いています。

　この課題では、生徒が自分でテーマや本を選び、そのテーマの研究を見通すクリティカル（９ページの注参照）な見方を自由に選択できるようにしました。授業では、それぞれの見方の概要を説明し、大学図書館で調べる時間も設けました。さらに生徒には、概要を作成する前に選択したテーマが探究に値するだけの十分な深さをもっていると確信できるように、注釈付きの参考文献を完成させることが求められました。

　小学生でも行動計画は書けます。しかし、ここに掲載した例と比べれば分かるように、これほど詳細なものは書けないでしょう。教師は、最終成果物から逆算して行動計画を生徒とともに作成するようにして、何をさせたいのかについてモデルで示す必要があります。

　学年にかかわらず、このような詳細な課題を実行する際には十分な時間を確保してください。繰り返しますが、生徒はほとんどの作業を授業中や図書館で一緒に行うように計画します。年齢にもよりますが、家庭に持ち帰る量は適度に留めておきましょう。

　目標とするのは、生徒ができるかぎりうまくやれるように支援することであり、作業を優しくしたり、代わって作業することではありません。生徒自身で道が拓けるように、かつ研究に対して創造的に取り組むための自由が得られるような仕組みを提供してください。

マインドフルネス

　マインドフルネスのコーチであるチャーリー・アンスタットは、マインドフルネスを「今、自分が何をしているかを知っていること、つまり今この瞬間を完全に意識している状態」と定義しています。

　マインドフルな状態であることの要点は、状況のなかで起こりうるすべての問題や結果を心配するのではなく、目の前にあるもの、コントロール可能なことへの集中にあります。

　教室でマインドフルネスの実践方法を生徒に教えれば、評価に対する不安やストレスをコントロールする際に役立ちます。成績への影響が大きい、多くの学校で行われているテストは、その結果に基づいて将来どのように成功し、どのような機会に恵まれるのかを決定するため、生徒からすればもっとも不安を抱く対象となります。

　ここで言いたいことは、そのようなテストの良し悪しの議論ではありません。そのようなテストは実際に行われていますし、今後もさまざまな形で継続されるということをはっきりと認めたうえで、生徒が対応できるようにする必要があるという側面をここでは扱います。

　もちろん、マインドフルネスは、すべての生徒に効くといった特効薬ではありません。集中力が続かない生徒や、緊張してしまうと知っていることを忘れてしまう生徒には、ツールとしての提供が必要となります。重要なテストの前にリラックスできるように、簡単な呼吸法を教えてもいいでしょう。このテク

ニックは、心拍数を低下させるとともに集中力を持続させ、心の冷静さを保ちます。

　ここでは、アンスタット氏が推奨する二つのテクニックを紹介します。

チェックイン——姿勢よく席に座らせて、静かに目を閉じ、10回息を吸ったり吐いたりして自分の呼吸に集中するようにします。この間、生徒が姿勢を意識しながらリラックスしていることを確かめてください。「さまざまな考えが心に浮かびますが、さらっと受け流すように」と言います。10回の呼吸が終わったところで、目の前の課題に取り組みはじめるように伝えます。

ボディースキャン——チェックインからはじめますが、常に呼吸に集中します。生徒が呼吸に集中している間、生徒の注意を足元に向けさせ、その部分をリラックスするように伝えます。そこから、頭部まで上へ上へと進んでいきます。この方法は、自分の身体の内なる感覚を、「いま、ここ」に集中させるように設計されたものです。これによって、身体の外側に存在している問題に対する不安が軽減されます。

　マインドフルネスに関する文献を一覧すると、『マインドフルネスと生徒の成功』と題された論文において、ある研究者が次のような潜在的利点を挙げていました。

❶ いじめの影響を最小限に抑える、学習障害のある生徒を支援する、ストレスが高く感情的に疲弊する職業、ソーシャルワークや医学などの訓練を受けている学生に思いやりや

共感の気持ちをもたらし、コーチングを導きます。

❷カリキュラムにマインドフルネスを組みこんで学んだ生徒は、学習上でも個人的にも利益を得る可能性があります。

［参考文献33］

　この論文では、マインドフルネスがとくに役立つ分野として、学業成績の向上と学習スキルの習得を挙げています。マインドフルネスを練習すれば、生徒は集中力を維持し、より深いクリティカルな思考をもって課題に取り組めるようになるのです。

　さらにマインドフルネスは、学習面への潜在的な影響だけではなく、今この瞬間への個人的な意識に重点を置き、行動上の問題や感情のコントロールにも役立ちます。つまり、高ぶった感情を徐々に和らげたり、学校でのいじめを減らすことに役立つのです。

　呼吸について考えることや感情の状態を理解する方法を生徒に教え、そして困難な状況に対処し、その場を切り抜けるための方法を教えれば、すべての人にとってよい状況が生まれます。そのうえ生徒は、感情的な反応の奥底にあるものまで表現できるようになるのです。

　前掲したマインドフルネスの研究者は、年齢層や教科を超えて、体育から算数・数学に至るまでマインドフルネスを教えるように、と提唱しています。もし、生徒たちが学習したり、競いあったり、遊んだり、働いたりしている間に心と身体の存在価値を理解するようになれば、その状態を学習に結びつけることによってより熟達するでしょう。

　教師は、こうした行動の見本が示せますし、またそうすべきです。ヨガ教室に行ったり、グループで瞑想をしようと言っているわけではありません（正直なところ、私は何度も挑戦しましたが、ヨガにはあまり興味がもてませんでした。腰を曲げたり、身体をひねったりして、頭を他人の背中に近づけて呼吸するという状態はあまりリラックスできませんでした）。

　私にとってのマインドフルネスとは、自らの思考に寄り添う状態です。散歩やランニングをしたり、サイクリングをすることもあります。何かにイライラしはじめたら、呼吸に注目するようにしています。腕には「Practice Patience（忍耐を練習する／究める）」というタトゥーも入れています。

　生徒のために、今を生きること、配慮に関することをモデルとして示せば示すほど、共有された空間にいる状態がより楽しめます。個人的には、生徒と一緒に（あるいは自分自身でも）マインドフルネスを実践することが、忍耐力、集中力、精神的なゆとりを保つために不可欠な方法となっています。

　教えはじめたころは、忙しすぎてゆっくりと自分の感情を顧みる余裕がありませんでした（また、そう思いこんでいました）。そのため、早い段階で燃え尽きてしまいそうにもなりました。あのときに、今のようなスキルを身につけていればよかったと思っています。

　イライラした気持ちを自覚し、それに対処する方法をもっているだけで非常に助かりました。それが理由で、生徒にもそのスキルを教えるようになったのです。生徒が自分の感情の幅広さに触れ、それに対処できるようになれば、感情が高ぶったと

きでもうまく機能します。

　そうはいっても、マインドフルネスは必ずしもすべての人に同じく機能するものではありません。私たちは、自己コントロールに役立つマインドフルネスの活動に取り組んでもらうように求めることは正しいと思っていますが、そのような活動に違和感を覚える生徒がいる場合は問題が起きるという可能性があることも認識しておくべきです。

　その気にならない生徒に対しては、無理強いをしてはいけません。自分のためになる方法として使えるようにしなければなりません。また、教師との相性が合わない生徒には、同僚と協力して別の機会を設けるようにします[10]。

ストレスの管理

　生徒は、学習が成績に直結するかどうかにかかわらず、授業中に不安を感じたり、集中できない場合があります。また、パニック発作やそのほかの不安障害に苦しんでいる人はベストが尽くせません。どのような生徒がこの問題に悩んでいるのかを知り、彼らに恥ずかしい思いをさせないでストレスの管理をし、意欲的であり続ける方法を提供するシステムを用意する必要があります。さまざまな状況に対応できる安心安全で、柔軟な教室環境の実現を目指しましょう。

---

[10]　『生徒指導をハックする』の第6章全部をマインドフルネスに割いて、具体的な実践例を紹介しています。

カウンセラーとソーシャル・ワーカーの活用

　ガイダンス・カウンセラーとソーシャル・ワーカー（利用可能な場合）の存在は、多くの教師が利用していない貴重な人的資源です[11]。興奮しやすい生徒がいる場合は、彼ら専門職と協力して、生徒が落ち着けるように授業から離れられる手順表を作成します。私が教えていたニューヨークのある学校では、彼らと密接な関係を築いていました。

　私の同僚だったソーシャル・ワーカーは、必要に応じて生徒を彼女のもとに「送ってもよい」と言ってくれていました。また、私と生徒との間では、どのようなペナルティも受けずに、心の準備ができたときに学習をやり終えるという合意がありました。

　スクール・カウンセラーとこのような合意がとられていなかったり、学校において専門職の配置がかぎられている場合は、この目的のために担当者を指定したり、解決するためのアイディアについて管理職と相談してみてください。たとえば、職員室の中に静かなスペースを設けて、生徒が必要とするときにはそこに行き、教師などの大人が大丈夫かどうかを確認するといったことが考えられます。

　不安を抱えている生徒の親として私は、息子がカウンセラーのところまで行くために「授業を抜けてもよい」というルールに安心感を覚えていました。息子はこの特権を悪用することはなく、授業中に、怒ったり動転した場合、自らを落ち着かせるために使っていました。このような状態は、よい関係が築けていない教師といる場合によく起こっていました。

グループワークと個別学習への柔軟な対応

　一人で学習するのが好きな生徒もいれば、協力しあって、クラスメイトと一緒に取り組みたいという生徒もいます。どちらにせよ、自分の好きな学習形態でないと生徒は不安になるものです。

　どちらのタイプの生徒に対しても対応できるようにしなければなりませんが、自然には身につかないスキルを学ぶための柔軟な環境設定も必要です。つまり、人生のなかでは、協調性を求められる場合もあれば独立性を求められる場合もあるということです。

　生徒が必要なスキルを身につけ、感情と社会性のニーズにもこたえられるようにするためには、一人でもグループでも取り組めるような多様な機会が提供できる教室環境をつくりださなければなりません。

　私はよく、文学などと関連した新しいスキルを探究しながら、授業中にグループ・プロジェクトを行うことがあります。生徒たちは協力して問題を解決し、スキルを身につけていきます。このプロジェクトでは成績をつけませんでした。生徒には、グループで学んだ内容を振り返ってもらったあと、学んだことを一人で行う課題に応用してもらい、その後にまた振り返ってもらいました。

⑾　アメリカではスクール・カウンセラーやソーシャル・ワーカーのような心理・福祉面の専門職が配置されていますが、日本ではそうした専門職が常駐して、生徒指導全般にあたるのは難しいと考えられています。その代わりに、教師が専門性を発揮しながら教育相談にあたれるシステムとして「教育相談コーディネーター」が注目されはじめています。

　個別の課題は、総括的な評価の機会となりました。この課題でも生徒は成績をつけられませんでしたが、達成目標を基準にして、その習得レベルで評価されました。生徒には必要に応じて修正する機会が何度も与えられたほか、提供されたフィードバックを活用して、さらに何度も修正しながら変更することができたのです。

　このような繰り返しによって、いくつかの評価に関する不安は取り除けました。要するに生徒は、スキルを練習して、自分の知識を披露する機会が何度もあることを知っていたのです。

　さまざまな国の学校で教えてきたという経験をもつ教育者のザック・コーエン（Zak Cohen）先生が、教室において個別学習とグループワークを組み合わせる利点について述べていますので紹介しましょう。

柔軟なグループ分け──協働性の再創造

　私の義理の母は、62歳にしてミネソタ大学に再入学しました。彼女はもう一つの学位の取得を目指してワクワクしており、自分が受けているコースに興奮していました。しかし、最初の学期の途中、私と妻に電話をかけてきて、「またグループ・プロジェクトが増えた」と文句を言ってきたのです。「メンバーの誰も、ミーティングの準備をしてくれなかった。私が全部やることになったのよ」と叫んだあと、「それに、なぜほとんど知らない人たちと一緒に活動しなければならないのか理解できない」とも言っていました。

　誰もが一度や二度は感じたことのある、グループワークに

対する不満を口にしたわけです。もちろん、このようなこと
は生徒にとっての問題だけではなく、教師も同じく悩まされ
ています。

　教育者、ブロガー、ポッドキャスター[12]であるジェニファ
ー・ゴンザレス（Jennifer Gonzalez）が、最近、Twitter に
おいてグループワークを課すときに教師が直面する障害につ
いて質問しました。130件を超える返信があったのですが、
生徒が「責任を担う」[13]という問題や作業の不均等な割り当
て、そしてフィードバックにおける手続きの不確実性など、
意外な傾向が見られました。

　そのなかでも、主に教師が不満に感じていたのは、バラン
スのとれたグループがつくれないという問題でした。これは、
学業成績、学習に対する前向きな姿勢、感情と社会性におけ
る相性などを考慮しなければならないという、繊細で微妙な
作業を要するからです。

　グループ編成に時間がかかるために、「授業からグループ
ワークを完全になくしてしまった」と告白している教師もい
ました。ある程度は理解できる反応ですが、グループワーク

---

[12]　一般的に Podcast を配信している人物を指します。Podcast とは、Web サ
　　ーバ上に音声データ・動画データなどをアップロードし、公開で放送する
　　ことのできるアプリケーションです。
[13]　「アカウンタビリティー（accountability）」の訳です。説明責任と訳される
　　場合が多いですが、そのウェートは4分の1から3分の1です。より多く
　　は「結果に対する責任」が占めています。本来、子どもたちが学ばないか
　　ぎりは教師が教えたとは言えないわけですが、どうやら、まちがったとら
　　え方が浸透しているようです。

をなくしたところで解決にはなりません。協働作業が21世紀におけるもっとも重要なスキルの一つであることは、数え切れないほどの研究からすでに分かっています。それゆえ私たちは、自らに問いかけています。

「グループワークにおける悩みの種を減らして、協働的な活動を維持するにはどうしたらよいのでしょうか?」

　多くの教師は、生徒に自分のグループを選んでもらう形で解決しています。しかし、この方法には多くの明らかな欠点があります。グループを選ぶときに、傍観する生徒をそのままにしてしまうという危険性があるのです。また、個人のペースや好みに関係なく生徒たちが一斉に取り組むことになるので、学習面からすれば必ずしも最適とは言えません。

　たとえば、プロジェクトの一環として文章の一節を読まなければならない場合、グループで行うのは無理でしょう。それでいて、生徒には単独で作業するという選択肢が与えられていないのです。

　この方法を擁護する教師のなかには、「現実世界での協働作業を反映している」と主張する人もいます。しかし、それでは真実味に欠けませんか?　現実の世界では、いつ一人で仕事をするか、いつ協働で仕事をするかの選択を迫られる場面が多々あります。その際の選択は、目の前の課題に応じて行われています。

　プロジェクトは複数の課題で構成されているので、それぞれの課題には異なる形式の協働が必要となります。現実世界でのグループワークは、静的なものではなく、動的なプロセ

スである場合が多いのです。

　現実世界の協働を教室において忠実に再現する方法の一つとして、「柔軟なグループ分けモデル」というものがあります。このモデルでは、どの課題も明確に個別化されておらず、協働すべきものでもありません。その代わり、学習者自身がバランスをとることになります。課題、ペース、困難度を計算に入れて、一人でも、パートナーとでも、小グループでも作業ができます。一つの授業時間内に複数の選択肢が存在しており、新しい授業のたびに新しい選択を行います。

　私の教室に入ってきた生徒は、最初に前回の授業の続きを確認します。そして、次の指示を読み、一人で取り組みたいのか、協働で作業したいのかを決めます。

　選択したら、「1」または「2」と書かれたカードを使ってクラスメイトに合図を送ります。「1」は一人で取り組みたいという意味で、「2」は協働作業をしたいという合図になっています。

　静的な従来のグループワークモデルに比べると、このシステムには流動性があるうえに数多くの利点が含まれています。

①メタ認知と個人的な管理スキルの向上
　学校でも職場でも、メタ認知（69ページを参照）と個人的な管理スキルは欠かせません。柔軟なグループ分けは、このスキルの向上に役立ちます。生徒は、自分の学習レベルが今どの程度なのか、課題が求めているものは何か、どうすればもっと学べるかなどについて考える必要があるからです。

　これらの質問に答えて初めて、生徒は一人で作業するか、協働で作業するかの選択ができます。そして、時間が経つにつれ、自分がどんな学習者であるかを意識しはじめ、自らの取り組みを達成するための最適な道筋を見つけて、改善していくようになります。

②生徒が柔軟な学習スペースを確保する

　一人でするか、協働でするかを選んだあとは、作業する場所を決める必要があります。個人、パートナー、小グループとも、最適な学習環境をつくるのです。そして、どこで作業するのかを自分で決め、その空間を真に自分のものとします。

③専門家のクラスメイト

　グループづくりを柔軟にすれば、専門的な知識が公共の資源となります。私の授業では、与えられた課題の目標を達成するために、必要と判断したスキルのリストを用意しています。課題に取り組む過程において生徒は、自らをいくつかのスキルの専門家であると見なして、各スキルに自分の名前を書きこんでいきます。

　協働作業をしたいと考えている生徒は、この表を参考にして、専門家のクラスメイトに会って話したり、作業する手順を一緒に調べたりします。

④無気力ではなく、学習すること

「均衡状態」がいかに強力なものであるか、それを私たちは

知っています。一人で取り組みはじめた生徒は、授業中ずっと一人で作業する可能性が高くなります。それが理由で、私の授業のなかで次のように言っています。

「無気力になるのではなく、学習すること」

　柔軟なグループ分けにおける意思決定は一度きりではなく、継続して行われています。生徒は、プロジェクト全体ではなく、目の前の指示や課題に対して、単独で作業をするか、パートナーと一緒に作業をするか、グループで作業するかを段階に応じて選択していきます。

⑤学習第一

　従来のグループワークのスタイルでは、人間関係、欠席、集団思考[14]など、学習とは関係のない問題に取り組む必要があります。しかし、柔軟なグループ分けでは学習が最優先されます。生徒は課題に応じてグループをつくったり、解散したりするので、このような問題は起こりにくいのです。

⑥しかし、**学習だけが要因にあらず**

　とくに中学校では、学習する際の感情や社会的な側面に配慮する必要があります。

　時々ですが、一人になる時間が必要な場合があります。柔軟なグループ分けのモデルでは、クラスメイトの目を気にすることなく、一人で学習ができます。もし、今日はほかの人

---

[14]　「３人寄れば文殊の知恵」の逆の現象です。最適となる決定ができないことで、「集団的浅慮」とも言われます。

とかかわりたい気持ちになった生徒がいても自由にグループをつくることができるので、学習を妨げることなくウズウズする気持ちが満たせます。

このように、内向的な生徒だけでなく、外向的な生徒に対しても配慮します[15]。

個別化された学習は、生徒が「何を」、「どこで」、「いつ」学習するのかという選択肢を与えるという点において非常に進んだものとなっています。とはいえ、生徒が「誰」かを選択するためにはいったいどうしたらよいのでしょうか？[16]

（出典） Z. Cohen,（2020）、The Core Collaborative のブログ「Flexible Grouping: Collaboration Reimagined」。コーエン氏より許可を得ております。

（注） 協力者から「グループ・プロジェクト活動中に、あるグループで仲間割れが起きて、その仲裁をしたり、グループ変更で苦労した経験があります。柔軟なグループ分けをもう少し探究してみたいと思います」というコメントをもらいました。

自己管理のためのその他の方法

　時間管理の方法、マインドフルネスのテクニック、ストレスへの対処法以外にも、自己管理のさまざまな側面を理解して、向上させるための方法がいくつかあります。たとえば、目標を達成できる学習者の特徴を明確に特定する、責任感を養うために教室での任務を活用する、責任を果たすために考えだしたことを声に出して[17]共有する、責任ある行為を認める、などが挙げられます。[参考文献52]

できる学習者の特徴を特定する

　まず生徒に、目標を達成する学習者の特徴を取り上げてもらうことからはじめます。たとえば、「本を読むのが好き」、「指示に従う」、「計画・組織化ができる」などです。そして、その回答を書き留め、その資質を「知識」、「責任感」、「態度」などといったさまざまなカテゴリーに分類します。

　次に、生徒の年齢に応じて、これらのカテゴリーの特徴を定義づけします。それぞれの特徴がどのようなものか、良い例と悪い例を挙げて定義をより明確なものにします。

　この表を教室に掲示して、1年を通して参照できるようにします。なかには、生徒たちがこれらの特徴を身につけるための努力の証として、この表にサインをしてもらう教師もいます。また、複数の授業を担当している場合は、それぞれのグループで独自の言葉リストを作成します。

責任感を養うために教室での任務を活用する

　多くの教師は、教室を管理するために、生徒ができることを記した「係活動」の一覧表を掲示しています。生徒に係を割り

⒂　内向的な生徒への対処法が書かれている『静かな子どもも大切にする』はおすすめです。

⒃　この点については、『一斉授業をハックする』、『学びの中心はやっぱり生徒だ！──個別化された学びと思考の習慣』（仮題）、『だから、みんなが羽ばたいて──生徒中心の教室の「原則」と「実践」』（仮題）、『教育プロがすすめる選択する学び』、『ようこそ、一人ひとりをいかす教室へ』などがおすすめです。

⒄　考えたことを声に出すのを「考え聞かせ」と言います。多様なやり方が『読み聞かせは魔法！』で紹介されています。

当てるということにはさまざまな利点があります。それによって、「自分の任務を遂行するのに役立つだけでなく、生徒に目的意識と、教室おいて目に見える形で日常的な責任感を与えます」［参考文献52］。

　任務が遂行できなかった場合には、ほかに顕著な影響を与えるというような責任の範囲が課題に含まれる必要があります。一例として、授業の最初に集めている出席データを挙げます。

　この係を担う場合、欠席する日には、事前に代わりの人を見つけなければならないというレベルの責任が伴います。係活動にかかわる責任の重さは、すべての生徒が目にします。そして、「みんなにとってその役割を果たすことがどれほど重要なのか、果たせない場合にはどのような影響があるのか」について目の当たりにします［参考文献52］。

責任を果たすために、考えたことを声に出して共有する

　考えたことを声に出すという行為は、状況や行為の結果起こりそうなことを考慮して、最善の計画を立てる方法を示すためによい方法です。次のような例を参考にしてください。

　明日、私は学校に来られません。私がいないと何かできないことはありますか？　今週のテーマは、しっかりとコミュニケーションをとることです。明日は、代わりの先生にそのことを伝えてやってもらいます。

　また、明日に起こったことを私が把握しておく必要もあるので、学校に戻ったら朝一番に連絡をとって、前日のことを

教えてもらうようにします。いや、明日の放課後に代わりの先生にメッセージを送れば、その日のうちに情報が得られるので、明後日学校に来ても、遅れることなく予定していることがうまくやれると思います。[参考文献52]

責任ある行為を認める

　教室の規範を実行している生徒を認める、これは非常に重要なことです。そのためには、保護者に連絡し、責任ある行動の具体例を伝える必要があります。また、家庭において責任感をもたせるためにどのようなことをしているのかと、保護者に尋ねてみるのもよいでしょう。

　もし、家庭で行われているよいアイディアがあれば、その方法を教室で応用してもいいでしょう。仮に、保護者が教師の助けを希望するのなら、保護者と協力して、子どもが家庭で責任感と時間管理のスキルをさらに向上させるためにはどうしたらよいのか、例を挙げながら説明していきます。

＜　宿題と自己管理の切り離し

　責任を負う、これは自己管理における重要な要素です。本章の別の節において、はっきりと、または暗示するかのように述べています。しかし、これまでに触れていないことがあります。賛否の分かれるところですが、責任を果たすための手段として宿題を利用するという考え方です。

　多くの教師が、「宿題は責任をもたせるのに役立つ」と主張

しています。私は、まったくそうは思いません。宿題はあらゆる種類の公平性に関する問題を引き起こし、ただでさえ苦労している生徒を苦しめることになります。単に毎日宿題を出して、採点し、期限内に提出できない場合には０点が積み重なるようなやり方を許すわけにはいきません。

　責任を負う問題が自己管理スキルや時間管理スキルの低さに関連している場合、生徒にペナルティを科すべきではありません。なぜなら、今はそれらのスキルが改善できるように、指導をしている最中だからです。

　原則として、小学校で宿題は存在してはいけません[18]。アルフィー・コーン[19]は、宿題に関連する研究についてのエッセイのなかで、このような考えを支持したうえで、この問題についてより広く論じています。

　これまでの調査で分かっていることを検討してみましょう。

　まず、小学校で（種類や量にかかわらず）宿題を出すことに利点があるとした研究はありませんでした。実際には、低学年の子どもに宿題をさせるかさせないか、あるいは多く出すか出さないかということと達成度を測る指標との間には、正の相関関係はありません。

　もし、12歳の子どもに、ましてや５歳の子どもにも宿題をさせているとしたら、証拠が示していることについて誤った知識をもっているか、あるいは証拠が示していようがいまいが、子どもは宿題をしなければならないと考えているからです。

　第2に、高校時代でさえ、宿題を支持する研究結果はとりたてて説得力がありません。宿題と標準テストの得点との間には相関関係があるように見えますが、それは弱いものです。つまり、宿題は得点のバラツキをあまり説明できないということです。

　また、確固たる相関関係を見いだしたある研究者は、10年後にこのテーマに戻って、より多くの変数を方程式に入力しました。結局、改良された研究では、宿題の効果はないということが分かりました。

　要するに、せいぜい相関関係（相性のよさ）を示しているだけで、宿題を増やすとテストの点数が上がることは証明できませんでした（宿題が点数を上げているかもしれないと思えるか、10秒ほどで考えてみてください）。

　第3に、宿題がテストの点数に関係しているとしたら、その関係がもっとも強いのは（実際には、つながりが一番薄いのですが）数学であるという傾向があります。しかし、その

⒅　協力者から、「宿題を出す、出さない、遅れによる減点を行う、行わない、という論点、私の学校でも迷いながらやっています。自己管理の練習になるので、やってほしい部分もありますが、確かに家庭の状況に大きく左右されますので、ただでさえ家庭での問題で苦労している生徒に、さらに減点をするようなシステムにはしたくないと思いました。また、効果についても検証しているわけではなく、『宿題をやる生徒＝いい生徒』という以前からある仮説、思いこみを踏襲しているだけという部分もあるので再検討したいと思います」というコメントが届きました。

⒆　（Alfie Kohn）高校教員を経て文筆活動を行っています。アメリカの教育や子育て、人間行動に関する、従来当たり前と思われてきた見方に対して、「そのままでいいのか」と問いを投げかけています。『宿題をめぐる神話』などの邦訳があります。

148

教科の理解度を高めるために宿題が不要であることが分かれ
ば、おそらくすべての教科において不要となるでしょう。[参
考文献31]

　宿題の価値を裏づける証拠がないことに加えて、ほかの活動
に費やすべき時間を宿題が奪っていると言えるでしょう。放課
後、生徒には伸びやかに過ごしてもらい、家族とかかわる時間
が必要です。そして、もっとも重要なことは遊ぶことです。子
どもの成長と発達には、構造化されていない遊びの時間が欠か
せません[20]。

＜　まとめ

　私たちはそれぞれ、自分の性格に「強み」と「課題」をもっ
ています。課題に対処するための自己管理スキルを幼少期に教
えれば、目標達成に向けての準備ができます。時間管理、計
画・組織するスキル、課題に集中する能力は、教室の内外で必
要とされるものです。
　とはいえ、生徒の調子が悪いという日もあります。それでも、
さまざまな自己管理の方法を身につけておけば軌道に乗れます。
呼吸を整えて困難を前向きにとらえようとか、大きな課題を管
理しやすいように分割するなど、ネガティブな状況をポジティ
ブに変える機会がもてます。その結果、誰もが達成感を味わえ
るのです。
　もし、あなた自身が自己管理の問題に直面しているなら、生

徒に対して心を開き、あなたのやり方を共有してください。あなたがどのように悩んでいるのか、また悩んできたのか、どのようにして乗り越えてきたのかを伝えましょう。

　人間関係は、私たちが行うすべてのことの中心に存在しています。決して忘れないでください。そして、「今」が生徒と築いている人間関係を強めるための新たな機会であることも忘れないでください。

振り返りの質問

❶生徒が時間管理のスキルを身につけるために、あなたはどのような機会を提供していますか？　もっとうまくできる方法はないでしょうか？

❷あなた自身の自己管理の方法とはどのようなもので、教室において、それをどのようなモデルとして示せますか？

❸自分や生徒のバーンアウト[21]を防ぐには、どのような時間管理をすればいいでしょうか？

❹生徒の学習に役立つために、グループ作業と個人作業をどのようにバランスさせればいいでしょうか？

---

[20]　このあたりの具体的な方法については、本書と同じ著者の『宿題をハックする』に詳しく書かれていますので参照してください。

[21]　「燃え尽き症候群」と呼ばれ、それまで頑張っていた人が、突然やる気を失ってしまう状態のことです。日本の状況に置き換えると事態は複雑化しています。日本では、心の疲れ、過労、教える元気がない状態や情熱（目標、やりがい）を失った状態、虚無感、閉塞感、思考停止の状態、そして心の病まで含む言葉としてとらえてもいいでしょう。このより広い意味でのバーンアウトを扱った『教師の生き方、今こそチェック！』が参考になります。

❺どのようにすれば、生徒が評価に基づいて成績を上げ、自分
のペースで学習を進めていけるでしょうか?

第 **4** 章

責任ある意思決定を教えて、学びに対する生徒のオウナーシップを高める

　責任ある意思決定を教えることは、学びに対する生徒のオウナーシップ（75ページの注参照）を高め、自分たちが教えられることやその方法について、生徒にエイジェンシー[1]を与える一つの方法となります。

　多くの生徒、とくに低学年や思春期の生徒は、自らが決めたことがどのような結果をもたらすかについてあまり考えていません。考えの至らなさは成長期においてよく見られることですが、学校において起こる問題や課題の原因となってしまいます。だからこそ、それが良いことだろうと悪いことだろうと、生徒が自らの選択結果について認識できるようにする必要があります。

　CASEL（8ページを参照）は、「責任ある意思決定」について次のように定義しています。

---

[1]　原語は「環境に影響を及ぼす力」という意味の「agency」で、主体者意識のことを指します。文部科学省は、「自ら考え、主体的に行動して、責任をもって社会変革を実現していく姿勢・意欲」のことだと説明しています。右のサイトで分かりやすく説明されています。

　さまざまな状況において、個人の行動や対人関係について思いやりのある前向きな選択をする能力のことです。これには、倫理的な基準や安心安全に関心をもち、個人や社会、集団の幸せのために、さまざまな行動の利点とその結果を評価する能力も含まれます。［参考文献10］

　形成的評価と総括的評価の観点からこの定義について考えれば、このスキルを授業に盛りこむ必要性がより理解できるでしょう。たとえば、ある生徒が授業をサボって形成的評価を受けるという大切な機会を逃してしまったら、その学年で期待されるレベルよりも遅れてしまい、その後、追いつくのに苦労することになります。また、グループで行うプロジェクトのなかで、自分に与えられた役割に関する探究を進めず、放課後に何時間もゲームをしている生徒がいたら、グループ全体の成績が下がり、メンバーの関係が悪くなるかもしれません。

　責任ある意思決定のスキルを授業に取り入れるだけではなく、形成的な学習経験を通じて、生徒自身が学びをコントロールしたり、責任をもって判断するためのスキルが練習できるといった機会を与えなければなりません。

　意思決定の能力は生まれつき備わっているものだと思われがちですが、そんなことはありません。モデルとなるもの（それが明示されている、いないにかかわらず）から学ぶにせよ、自分自身の経験から学ぶにせよ、意図的に意思決定を行うことで私たちは、自らの人生をより上手にコントロールできるようになるのです。

　まちがった判断によって実際に大きな問題を生徒が起こしてしまう前に、悪い行動の結果が理解できるようになるとどれだけ素晴らしいか、想像してみてください。たとえば、生徒やその家族の心の痛みや、何かを失ったときの辛い気持ちを軽くすることができます。また、教室の内外で自分の学びについて積極的に適切な判断を下そうとするので、より良い教育や学びが生まれる雰囲気がつくりだせます。

　より良い意思決定によって生徒のエイジェンシーが高まるといった環境であれば、生徒は必要としているものを示せますし（第2章で述べた、自分の必要とするものを主張する力であるセルフ・アドヴォカシーです）、それによってどのように学ぶのか、どのように評価されるのかについて、自らコントロールするようになります。

　より適切な決定をしたり、それによって自分や周りの人たちに対して、マイナスではなくプラスの影響を与えられるような機会が毎日どれくらいあるのかについて考えてみましょう。この章では、生徒がより良い決定ができるように手助けをすると同時に、その決定や決定の結果として、学びへの影響について振り返るための十分な機会を提供する方法について探っていきます。

道徳的・倫理的な選択

　成績や進学・就職など、人生を左右するような重要な試験や評価[2]において、生徒は道徳的・倫理的な選択をよく迫られま

す。締め切りの直前になって、誰かが書いた本や論文、ウェブサイトなどから「コピペ（コピー＆ペースト）」したり（ばれないように）、友人が書いたものから「借りる」と言いつつ、そのまま写してしまう場合もあります[3]。

　生徒がコピペや剽窃（ひょうせつ）に頼ってしまうときには、それに直接向きあって、その行為がどのような結果をもたらすのかについて理解してもらうというのがもっともよい方法となります。０点をとったり、再提出になったり、面倒なことに巻きこまれることになるでしょう。しかし、それで終わりにするのではなく、楽な方法を選ぶとなぜ自分や周りの人を傷つけることになるのかを、生徒は理解する必要があります。

　まちがった判断をしてしまったときにショックを感じるという経験は、将来的には問題解決能力を高めることにつながります。生徒に、なぜそのような選択をしたのか、その選択はどのような影響をもたらすのか、まちがった選択を修正するための適切な判断をどのようにすればよいのかといったことについて振り返ってもらえれば、再び同じようなミスを犯すことはないでしょう。

　生徒と協力してこのような問題解決をすれば、生徒は学ぶことに価値を見いだすようになります。そして、それが「必要だから」という理由だけではなく、生徒自らが学びに時間と労力を注ぐようになるため、意味があって誠実な方法で取り組みたいと思えるような環境づくりが可能になります[4]。

　生徒と一緒にブレインストーミングをすると、彼らは自分の

判断理由やそれがもたらす結果について理解できるようになります。次ページに掲載した**図4－1**は、このような練習の手順について示したものです。

　真ん中のボックスは、生徒が自分の判断でやってしまった行為を示しています。たとえば、「友だちの書いたものを写した」です。

　そのほかの例としては、「テストでカンニングをした」や「提出期限のあるプロジェクトを課されるのが嫌で授業を休んだ」などが考えられます。

　左側のボックスは、そうすることに決めた理由として考えられるものを示しています。真ん中の右側にある白いボックスは、決定したことによる直接的な結果を示しています。そして、一番右の網掛けのボックスは、同じようなまちがった決定を二度としないために、生徒ができることを示しています。

　担任や校長、または生徒指導カウンセラーは、今後より良い選択ができるようになるために、生徒と一緒にこのプロセスを踏むとよいでしょう。

⑵　日本では、入試や期末試験などの筆記試験がイメージされます。ここでは、そうした時間制限のある筆記試験だけでなく、何かの課題について資料を集め、分析し、論述するというレポートタイプの試験が例に挙げられています。近年では、日本の小・中・高等学校でもこのような論述課題が増えており、大学のように「卒業論文」としてまとめられる場合もあります。

⑶　すべての文章のことを言っていますが、とくにパソコンなどを使って作成する課題の場合は「コピペ」が極めて簡単なため、近年は、この盗作文化を助長することになっています。

⑷　これを実現するいい方法があります。『生徒指導をハックする』のなかで紹介されている「関係修復のアプローチ」です。ぜひ参考にしてください。

図4−1　生徒の意思決定を分析するブレインストーミングの練習例

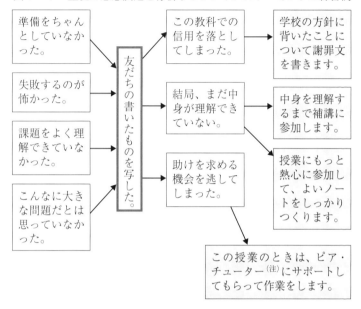

（注）　ほかの生徒に学習支援をする生徒のことです。大学でよく使われて
　　いる制度です。

　コピペや剽窃をしたくなる誘惑をできるだけ抑える、また
はもたなくなる方法の一つとして、これらの方法では完成でき
ない課題の提供が挙げられます。たとえば、生徒が教室でやら
なければならないようなプロジェクトや教師のサポートを必要
とするものなど、複数のスキルやタスクを含んでいる課題です。
そのような課題なら、生徒は外部資料の利用がしにくくなるで
しょう。

協働することの役割

　生徒がアイディアを共有し、ともに理解を深めるような協働的な環境においては、一人ひとりの生徒が学びに対してもっているネガティブな意思決定は最小限に抑えられます。生徒は、問題解決に取り組んだり、ある目標を達成する基準（33ページの注参照）を使ってフィードバックを提供しあうという形で共助力を発揮します[5]。

　また、生徒同士の関係が盛んになれば、グループにおいて責任ある決定が下せるように生徒をエンパワー（101ページの注参照）させられます。

　学習グループ、相棒（バディー）、大切な友だち[6]をつくることは、授業で相互にサポートするだけでなく、進路や人生にかかわる重要な試験や評価に向けて準備をする際に不安感を和らげるといった効果的な方法となります。

　生徒同士の関係が深く結びつけば、試験対策だけでなく、グループ課題やプロジェクトに取り組むときに最適な人を自分で選べるようになります。そして、その選択が自分の学びにとっ

---

(5)　『ピア・フィードバック』では、この力について詳しく取り上げていますので参照してください。

(6)　聞きなれない言葉でしょうが、極めて効果的な方法です。この存在によって書かれた本が『増補版「考える力」はこうしてつける』です。ひと言でいうと、批判的だが温かく、かつ建設的な視点で発言する友だちです。具体的には、QRコードで見られる質問や指摘をしてくれる人です。

て効果的であったのか、今後改善を必要とするのかなど、自らの選択を振り返ることもできます。

　生徒の学びをサポートする環境としては、協働で作業をしたくなるような空間が教室に用意されているのかなど、物理的な要素も大切となります。また、クラスの活動として協働が行われるときには、どこで誰と作業をしたいかを生徒が決めてもよいと感じられる雰囲気づくりが必要となります[7]。

時間管理の決定

　第3章で述べたように、時間管理は、生徒がうまく目標を達成するために重要な要素です。生徒が時間をどのように使うのか、とくに進路に大きな影響を及ぼす試験に向けて準備しているときに上手な時間の使い方ができるようになると、より良い結果につながります。

　責任ある選択をするということは、その選択によってどのような結果がもたらされるのかを知ることになります。そうした気づきは、誘惑的な選択（たとえば、放課後はたっぷり友だちと遊び、試験前夜まで勉強を先延ばしにしてしまうこと）を生徒がするのではなく、もっとも有益な選択（たとえば、試験の準備のために時間をかけてさまざまな方法を試してみること）をするのに役立ちます。

　もちろん、試験勉強に関連した意思決定においては、どのように時間を割り当てるかの選択肢を生徒に与えなければいけません。そして、決められた時間に追加の支援をしたり、試験の

ずっと前にピア・チューター（156ページの**図4−1**の注参照）
の体制を整えることもできます。また、学習課題に取り組んで
いるときに復習用のプリントや動画の提供もできます。

こうすれば、生徒は自分の理解を高めるために役立つ資料が
あると気づけますので、試験勉強にまつわるストレスの軽減が
図れます。

文化的なステレオタイプと 進路にかかわる重要な評価

私たちが気をつけなければならないのは、「ステレオタイプ
の脅威」です。これは、ある文化的なステレオタイプが、社会
からのけ者にされてきた若者の不安感にも、その出来／不出来
にも影響を与えるというものです。

アメリカ心理学会（American Psychological Association：
APA）が発表している記事のなかで、ステレオタイプの脅威
に関する研究と、それがどのように学力格差を広げてしまうの
かについて論じられています。その内容ですが、心理学者の論
文を引用しながら以下のように説明しています。

> スティールとアロンソンは、黒人と白人の大学生に、GRE[8]
> に出てくる難しい設問を使った30分間の口頭試験を行った。

---

(7) 学校現場では、この点にいつも迷いがあるようです。協力者からのコメン
トを紹介します。「生徒が自由にグループをつくることが可能だと、仲間は
ずれや能力差などといった問題が起きる場合があります。このような点に
ついて生徒が自主的に配慮してくれるなら、自由につくれるようにするほ
うがよいという感じがします」

　ステレオタイプにさらされる条件下のグループには、「この試験では、みなさんの知的能力を診断します」と学生に伝え、黒人は白人よりも知能が低いというステレオタイプを誘発するような状況をつくった。

　一方、ステレオタイプにさらされない条件下のグループには、「この試験は問題解決の実験課題です。みなさんの能力を測るようなものではありません」と伝え、ステレオタイプとは無関係のものであると思わせた。

　その結果、ステレオタイプにさらされたグループでは、黒人の学生はSAT[9]において白人の学生と同じくらいの成績であったにもかかわらず、白人の学生よりも低い成績となった。

　一方、ステレオタイプにさらされないグループ、つまりまったく同じ試験を「能力を測らない実験課題」として説明された黒人学生の成績は、同じ能力をもつ白人学生たちと同じくらいまで伸びた。また、標準試験にありがちな、ステレオタイプの脅威を最小限に抑えた実験においても両者は同じような成績だった。

　これ以外にも、「能力を測るものではない」と伝えられていない試験において、学生が人種を記録しただけで（それがおそらくステレオタイプを強めたのだろうか）、黒人の成績が白人よりも低かったという結果を示した研究もある。［参考文献1］

これらの結果から、少なくとも次の二つの方法を使って、起

こりうる脅威に立ち向かう必要があることが明らかになりました。

　❶教室の文化が、ステレオタイプをどのように打ち消せるか
　　を検討すること。
　❷生徒が生まれつき備えている学習能力を高め、ステレオタ
　　イプを打ち消せるような選択を支援すること。

　そのためには、あなたが気づいた彼らの行動や活動パターンを検証し、それらのパターンについてフィードバックを提供し、生徒が学びについてどのように感じているのかについて話してもらう必要があります。

　生徒は、「自分はうまくできない」というメッセージをあまりにも多く受け取りすぎています。このようなフィードバックは、時間が経つにつれて、自己イメージの一部として内面化されてしまいます。

　私たちは、生徒と個人的な会話をしたり、彼らの家族に私たちが気づいた点を伝えることで、なぜそのような考えをもってしまうのかという根本的な原因を探るための手段の提供ができます。と同時に、すべての生徒を尊重するために学習空間を丁寧につくりあげ、生徒が私たちのフィードバックをいつでも聞けるようにしなければなりません。

---

(8)　（Graduate Record Exam）アメリカの大学院に進学するために必要とされる試験です。論理的分析力、読解力、数的処理能力など、高度な能力を総合的に測る試験とされています。
(9)　（Scholastic Assessment Test）アメリカの「College Board」が実施している大学進学に必要な試験です。

学校レベルでの責任ある意思決定

責任ある意思決定は、関連するスキルを生徒に教えるためだけに重要なわけではありません。順位づけや能力別クラス編成、カリキュラム、生徒の感情的・社会的なウェル・ビーイング（13ページの注参照）などの学校方針や学校プログラムにおいて、悪しき慣習を踏襲するのではなく、さまざまな選択肢からより良いものを選択するという姿を示し、学校自体が責任ある意思決定のモデルになる必要があります。

順位づけと能力別クラス編成

成績優秀者名簿や卒業時のクラス順位のように、生徒を順位づけて比べるという仕組みを学校が続けてしまうと、どの位置にいようと、生徒に感情的・社会的なジレンマを与えます。生徒を順位づけして比べるという仕組みは、「もっている人」と「もっていない人」[10]との間に存在する溝を永遠に埋めることはなく、前者には報酬を与え、後者には障壁を与えてしまいます。

また、この仕組みは、家庭教師を雇ったり、多くの参考書を手に入れるだけの余裕があるなど、何かにつけて支援が充実している家庭の生徒とそうでない生徒との間にある格差や不公平感を浮き彫りにしてしまいます。そのような構造と、それがもたらす結果を詳しく調査、再検討し、すべての生徒が目標を達成する機会が得られるような、公平な場をいかにつくりあげていくのかという課題に対処していく必要があります（順位づけをすることによる心の負担については第5章で扱います）。

　生徒を能力別に分けるという選択基準は、たとえ「もう、そんなことはしていない」と主張したとしても、生徒同士のヒエラルキーをいつまでも残してしまいますし、彼ら自身の学びに対するエイジェンシーを制限することになります。

「ギフテッド（優等生）」や AP クラス（22ページの注参照）のように、推薦されなければ入れない能力別クラスでは、誰がそこに入れるのかを決定するためのゲートを設置しています。そして、このような仕組みのために、有色人種の生徒や特別な支援を必要とする生徒の入学者数が驚くほど少なくなっているのです。

　このような構造を変えようと思ったら、希望するすべての生徒がより高いレベルのクラスに入れるようにして、入ってから、目標を達成するために必要とされるサポートが受けられるような方法を模索しなければなりません。

カリキュラムの選択

　カリキュラムをデザインするときには、教師が責任ある意思決定のモデルを示す義務があります。しかし、私たちが選ぶ教科書や教える歴史[11]は、あまりにも多くの場合「現状維持」のままとなっています。また、さまざまな理由で、頻繁に歴史上

---

[10]　何か特別な才能や強運をもっている人のことを「もっている」と表現したのは、2006年夏の甲子園優勝投手、斎藤佑樹がはじまりです。努力や日々の取り組みとは無関係に、生まれつき備わっている「能力」、もしくは「運」のみを指すところに特徴があります。ほかにも「勝ち組」、「負け組」といった表現がありますが、こちらの場合は、努力の末に「勝ち組」に入ったという場合にも使えます。

の「声」が存在しないという状況も起こっています。

　倫理的に責任をもち、公平であるためには、できるだけ多くの人の視点を公平でバランスのとれた方法で説明しなければなりません。誰かにとって都合のよい話だけでなく、すべての人にとっての、できるだけ多様な物語を知る必要が生徒にはあります。さらに、もし私たちが本当に多様な視点を確実なものにしたいと思うのであれば、こうした対話に生徒も参加してもらう必要があります。

　学校システム⑿の役割は、学校に通う年齢の生徒に読み書きの基本や各教科の学習内容を教え、広く民主主義が普及するように教養深い市民を輩出することであり、カリキュラムとは、生徒が何をどのように学ぶかを決定する仕組みのことです。

　そして、学校システムに求められているのは、各州から出される要請事項に配慮して、学校外に広がる社会で生徒がうまく生きていくための将来ニーズを見据えたうえで、どのような知識とスキルを教える必要があるのかについて決定することです。

　なお、標準化されたカリキュラムとは、スタンダード⒀や評価基準に沿った明確な目標を生徒に提供するものです［参考文献40］。

　私は、教育委員会でカリキュラムの徹底を図る役割のカリキュラム・ディレクターを務めていたとき、生徒が必要とする学習内容やスキル、深い学びを手にするために、何をどのように教え、どのように評価するのかについて、教師の意思決定プロセスを率いる仕事がとても難しいことであると学びました。

　同僚たちと協力して、また新しい州のスタンダードと過去の

データを考慮して、私たちは全生徒の学びの質を高めるため、スタンダードに基づいたアプローチに取り組みました。意味のある方法で単元を構成すると同時に、学習の前に共有されたルーブリックやそのほかの目標達成の基準を用いたパフォーマンス評価を行うことで、生徒にはスキルを実践したり、スタンダードに沿った資質・能力を高めてほしいと考えていました。

　このアプローチは、公平性を確保し、生徒が時間をかけて習得レベル・熟達レベルまで達成する機会を何度も提供することを意図したものです。

　カリキュラムの作成には税金が使われています。そのため（私も含めた）学校システムのリーダーたちは、一般の人々に対する透明性を意識して、カリキュラムがつくられているだけ

---

(11)　原文では「versions of history」となっています。歴史にはさまざまな解釈があり、どれを教育のなかで扱って生徒に伝えていくのか、ということを表しているのでしょう。このテーマについては『歴史をする』がおすすめです。余談ですが、歴史に言えることは、すべての教科にも当てはまります。社会では『社会科ワークショップ』、国語では『イン・ザ・ミドル』や『国語の未来は「本づくり」』、理科では『だれもが科学者になれる！』、算数・数学では『教科書では学べない数学的思考』などが参考になります。いずれの本も、「現状維持」を脱した教え方・学び方を紹介しています。

(12)　ここでいう「学校システム」は、主に学校そのものを指しており、その維持管理の責任を有している郡・市区町村の教育委員会も付随的に含まれると思います。日本で学校システムないし制度と言ったときに思い浮かべるのは文部科学省をはじめとする教育行政かもしれませんが、これ以下の文面から、アメリカにおいては州や国は念頭に入っていないことが分かります。それほど、教育の自立性が重んじられているのです。

(13)　「スタンダード（到達目標ないし基準）」は、日本の学習指導要領の「内容」に記載されている指導事項であるととらえてください。229ページの注(1)も参照してください。

でなく、作成時に意図されていたとおり、確実にすべての生徒に対して学びが提供されるために定期的にサポートされ、検証されていることを保証しなければなりません［参考文献43］。

新しいスタンダードに基づいたカリキュラムの実施にあたって私たちは、すべての生徒の学びを深めるという本来の目的や目標を継続的に果たしたいと考えています。

また、カリキュラムを作成した教師は、年間を通してサポートを受ける必要があります。教室への訪問、ベンチマーク評価[14]後の非公式のデータ、改訂の機会などを通して、カリキュラムが実際に教室で実現しているのか、生徒の学びの目標達成を支援するのに効果的かどうかを判断するのです。

最大の課題は、州統一テスト（state tests）が目標となっているような授業です。その一例が世界史です。ニューヨーク州は最近、社会科のリージェンツ試験[15]を再設計し、カバーしなければならない学習内容量を減らし、クリティカルに考えるスキルに焦点を置くというスタイルをとりました。

生徒は、単独の事実ではなく、何らかのテーマに基づいた問いへの答えや、バイアスのかかったさまざまな一次資料を検討・解釈し、自分の考えを裏づけるような資料を選ぶように求められる不朽の課題[16]について論じる形で評価を受けます。つまり、州が評価しているスキルであることを知ったうえで、生徒がこうしたスキルを学び、さまざまな方法で応用できるようにカリキュラムを再編成したわけです。

これによって、試験だけでなく、実生活においてこうした問題に生徒が取り組む際にも、どのように学ぶのか、学んだこと

をどのように書けばいいのかなどについて、より良い方法で決められるようになります。

　こうした変化は、一つの教科内容の壁を越えた「教科横断的な学び」に合致するものであると私は理解しています。スタンダードに基づく教育システムにおいては、スキルや知識が必要とされ、教師や教育委員会が必要に応じて学習内容を選びます。しかし、残念なことに、州統一テストが主要な評価のシステムになってしまうと、純粋な学習システムを推進するという希望が断たれてしまいます⑰。

　スタンダードに基づくカリキュラムが本当に機能するためには、そのカリキュラムを作成した人々（つまり教師です！）が評価をコントロールし、カリキュラムが適切に調整されなければなりません。そうすれば、授業において何をどのように教えるかの決定に生徒が関与できますし、生徒たちがどのような経験をしてきたのか知らない外部の人間がつくったテストを気にしなくてもよくなります。

　ニューヨーク州では、テストの得点に人々の考えが左右される場合が多いのですが⑱、テストのために教えてしまうと、意

---

⑭　スタンダードで示された内容をどれだけ習得しているのかを、数か月に1回のペースで評定するテストのことです。

⑮　ニューヨーク州で実施される州統一テストの一つで、9年生から12年生で受ける教科別テストのことです。この試験に合格すれば、その教科を履修したことになります。

⑯　（enduring issues）社会において時代を超えて長く議論され続けてきた問題・課題のことです。たとえば、個人の権利と社会全体の利益の関係や、三権分立、抑制と均衡（チェックアンドバランス）などが該当します。

⑰　この文章、およびこのあとに続く文章は太字にしたいぐらいです！

味のある形で深く教えたいと願っている私たち教師が目指す教育スタイルの実現を阻んでしまいます。

　教室は、対話を重視し、一人ひとりをいかす指導[19]を行う形で、生徒とともに彼らの生活をより良くする場所でなければなりません。生徒に目標を達成してほしいと願うのであれば、そうなるように教師がサポートしなければなりません［参考文献37］。

　スタンダードに基づくカリキュラムも例外ではありませんが、教育現場で行われている多くの改革が抱えている課題は、問題の複雑さに対処せず、さまざまな問題を「万能薬」で解消してしまおうとする姿勢です[20]。

　生徒の学習（および学習に関する意思決定）を向上させる唯一の方法は、テストを変えることでもなく、新聞に掲載される得点に夢中になることでもなく、生徒の姿を直接見て、指導できる事柄とその効果を高め続けることです。生徒がすでにできることは何か、まだ学ぶ必要のあることは何か、実際に教えていること、この三つがスタンダードに合致しているのかどうかという点にもっと重きを置く必要があります[21]［参考文献55］。

　スタンダードに基づいたカリキュラムをつくること自体は悪くありません。スタンダードを作成し、教室での指導のあり方を決定すべき専門家が誰なのかが定まれば[22]、生徒が知っていることやできることに基づいて、彼らのニーズをサポートする評価がつくれます。

　また、具体的にニーズを見極めるときに生徒に参加してもらい、そのニーズをサポートするような学習経験をつくりあげて

いくこともできます。そうすれば生徒たちは、学習する内容の
決定に携われますし、自分自身だけでなく、後輩たちのための
カリキュラムづくりにも貢献できるのです。

　カリキュラム・リーダーとしての私たちの仕事は、意図され
たカリキュラムが鍵となる問いを中心にしているか、スタンダ
ードに合致しているか、学ぶべきスキルを詳しく記述している
か、そして生徒の選択や声がきちんと反映された評価を使うシ
ステムになっているかどうかを確認することです。

---

⑱　左右されないと思っている人はいないでしょう。協力者から次のようなコ
　メントがありました。「中学・高校と上がっていくにつれて、この傾向が強
　まっていると思います。そうした環境のなかで『勉強』を強いられてきた
　生徒たちは、テストのない社会に出ていったあと、学び続けられるのでし
　ょうか?」

⑲　この教え方については、『ようこそ、一人ひとりをいかす教室へ』、『一人ひ
　とりをいかす評価』、『一人ひとりを大切にする学校』が参考になります。

⑳　この一文は、カリキュラムが抱える最大かつ唯一の問題を端的に指摘して
　います。そしてこの問題は、日本においてはより一層深刻です。詳しくは、
　170ページの訳者コラムを参照してください。

㉑　言い換えると、スタンダードとカリキュラム、および評価がうまくマッチ
　しているかどうかが重要ということです。考慮しなければならない点は、
　この議論が学ぶ側の視点（生徒一人ひとりが学びたいことや好奇心をもっ
　ていること）をまったく無視して、教える側の論理だけで論じられていい
　のかということです。この点については、『イン・ザ・ミドル』（第一章）、
　『学びの中心はやっぱり生徒だ!』（仮題）、『だから、みんなが羽ばたいて』
　（仮題）、『一人ひとりを大切にする学校』を参照してください。

㉒　ここで述べられている専門家は、日本の学習指導要領を書いている教科調
　査官でも、それを基に教科書を書いている執筆者でもありません。生徒の
　目の前にいる教師こそが、スタンダードとその教え方を決定すると言って
　います。そうとらえないと、次の文章に続きません。こうした視点は、日
　本の教育現場ではかなり弱いと言ってよいでしょう。生徒と一緒に自分は
　何を学びたいのかという視点の欠如です。171ページの QR コードを参照し
　てください。

カリキュラム、スタンダード、評価との関係の日米比較

　日本の指導主事や教務主任の仕事とはかなり違うと思いません
か。日本の場合は「学ぶこと」が踏まえられず、学習指導要領や
教科書の執筆者が考えた「教えること」のみで、すべてのカリキュ
ラムがとらえられています。表にして、カリキュラムとスタン
ダードおよび評価との関係について日米比較をしておきます。

表　カリキュラム、スタンダード、評価との関係の日米比較

	アメリカ	日本
国	方針・政策	方針・政策／学習指導要領／学力テスト^(注)
州(県)教育庁	スタンダード／テスト	教科書ベースの授業の推進／学力テスト
市区町村教育委員会	⇕　橋渡し	同上
学校、教師	カリキュラム／形成的評価	教育課程＝教科書ベースの授業／テスト

(注)　正式名称は、「全国学力・学習状況調査」です。

　アメリカでは、公教育の権限は州ごとに委ねられており、スタ
ンダードの策定は州教育庁の専権事項です。そして、カリキュラ
ムの策定は学校レベルの専権事項ととらえられています。その間
に位置する郡や市区町村の教育委員会の役割は、よく言えば「橋
渡し」、少し突っこんで言えば「指示とサポート」となります。
162ページ以降の「学校レベルでの責任ある意思決定」の項は、
全体的にこの主旨で書かれています。
　一方、日本の場合は、文部科学省の学習指導要領が法的に指導
内容を規定し、それに準拠する形でつくられた教科書が、長年に
わたってそのまま教育課程（ないしカリキュラム）ととらえられ

ています。県と市区町村の教育委員会は、それを教師・学校に伝えていく「プロモーター」的な役割を果たし続けています。

　日本では、最近、中間や期末テストに代わって単元テストが重視される傾向がありますが、それは単純に暗記する量を減らしているだけで、一夜漬け的なテスト対策が改まったわけではありません。その結果、知識の習得はままならず、活用や探究の領域にはなかなか至りません。一方、カリキュラムに対して教師や生徒がエイジェンシー（主体性）をもてるようになれば、本書で紹介されているルーブリックを含めた、テストに代わる「形成的評価」が中心になります。形成的評価は、まさに「指導と評価の一体化」なのですが、単元テストでは望めません。評価について深く考えるには、『一人ひとりをいかす評価』がおすすめです。

　また、カリキュラム・マネジメントやカリキュラム・マッピングという方法は、学校や教師レベルが主体となって行われるカリキュラムの作成をしやすくするために考えだされましたが、果たしてそのようにとらえられているのでしょうか？　学習指導要領や教科書・指導書に基づきつつ、教師は子どもたちに合わせたカリキュラムを柔軟に作成する必要があります。

　換言すると、教科書や指導書をそのままこなしてしまうと生徒の記憶に残らないし、活用もできない授業になってしまいます。その代わり、授業をした結果として、学習指導要領を含めて教科書内容が押えられるカリキュラム／単元の開発（その際のポイントは、教師自身がわくわくする目標設定と評価の仕方）が教師や学校に求められています。最後の点については、右の QR コード（PLC 便り：カリキュラム開発能力の検索結果）を参照してください。

　そして、データを確認しながら適宜調整を行っていくのです。このシステムは、生徒の学習経験に公平性をもたせ、より柔軟なものにするためにつくられました（**訳者コラム**参照）。

　偏りのないスタンダードと合意を得た核となる能力を設定すれば、教師や生徒、リーダー（管理職や教育行政の職員）、家庭は期待されていることが分かり、より充実した習得レベル・熟達レベルが目指せます。また、生徒が自分の習得レベルを知って理解すれば、自分のいたい学習環境がより適切に判断できるようになります。

生徒のウェル・ビーイングを 高めるための、ある学校の意思決定

　いくつかの学校では、生徒、とくに完璧にこなさなければならないというプレッシャーにストレスを感じているような生徒のウェル・ビーイング（13ページの注参照）を確保するために大規模な対策を講じています。スタッテン・アイランド技術高校（Staten Island Technical High School）は、生徒の意見を取り入れた責任ある意思決定をうまく行い、ストレスに関連する問題に取り組んできた学校の一例となります[23]。

　この学校では、科学、技術、工学、数学を統合する形で行う新しい教育のアプローチのSTEMに特化した教育を行っており、最近では「Niche.com（ニッチ・コム）」というウェブサイト[24]において、ニューヨーク州および全米の「トップスクール」の一つに選ばれています。

　マーク・アーレンワイン校長は、この学校の評判のよさをと

ても誇りに思っています。その一方で、多くの生徒が経験している感情と社会性の問題は、学校に関係するものだけではなく、より広い社会の変化によるものであると分かっています。校長先生が次のように言っています。

　学校の歴史が最高潮を迎える時期に私自身が岐路に立ち、何のおかげで私たちの学校が成功したのかということについて深く考える必要がありました。さらに重要なことに、私はこの学校と優秀な生徒の副産物とでも言えるある動向に対処し、それを解決するための探究と変化を体験する形で教師をリードしていることに気づいたのです。（中略）

　当校の生徒は情報過多の世界に身を置いています。仮想現実（バーチャル・リアリティー＝VR）、拡張現実（オーグメント・リアリティー＝AR）、「いいね！」、「フォローする」、「♡」、絵文字、「共有」、「コメントする」（SNSで若者がよく使う機能）などが混じりあった複雑な現実環境に彼らは直面しているのです。（中略）

　彼らは、これを「未知の経験変化と崩壊の時代」[25]と呼んでいます。極めて優れた才能のある生徒や有能な生徒が通う

(23)　この高校の例は、感情と社会性の学び（SEL）や学習環境を整え、形づくっていくことがいかに生徒の学びを向上させるかをよく物語っています。それは、「標準テストでよい点を取るための特訓」が生徒にとって本質的な学びを生まないどころか、悪影響でしかないことの裏づけとなります。このような進学校が、「特訓」ではなくSELに焦点を当てたことで何を成し遂げたのかに注目しながら読んでください。

(24)　全米の学校と大学に関する詳細なデータを管理しており、自分に合った学校が見つけられるような支援をしています。

進学校であるにもかかわらず、私たちも「未知の経験変化と崩壊」がもたらす影響をもろに受けてしまったのです。

　私たちは、学校として、生徒のマインドセットを把握し、学習面と感情と社会性についての数的データ[26]をとって問題の原因を把握し、学習環境と教育実践において、誠実で本当にインパクトのある変化をもたらすためには臨機応変な対応が必要であることに気づきました。（中略）

　こうした問題に取り組むためには、感情と社会性を育む（SEL）ことで発揮される効果に注目しながら、テストの点数に一喜一憂するような「点取りゲーム」がもつ長所と短所の背景にはどのような要因があるのかを突き止めて、それを客観的に把握できるような、革新的な解決方法が必要になったのです。[参考文献19]

　この学校では、いくつかの新しい手続きや学校方針が導入されました。教職員は、学校の学習管理システムの機能を利用する形で、教員間や管理職、そして生徒指導カウンセラーと生徒の行動に関する情報を共有したおかげで、生徒や保護者とのフォローアップ面談の記録ができるようになりました。アーレンワイン校長は次のようにも言っています。

　ライブ配信やオンデマンド視聴、そして共有と検索が可能な生徒の感情と社会性に関する行動についてのウェブ情報を作成すれば、誰が、何を、いつ、なぜ、といったことについて詳細に説明する時間が大幅に削減され、ほぼ瞬時に解決策

が打ちだせるようになりました。

　さらに重要な点は、この革新的なデータ共有やコミュニケーションの方法によって、生徒の傾向が明らかになった時点ですぐに予防策が講じられることです。[参考文献19]

　とりわけこのシステムでは、「遅刻率、欠席率、成績への執着度、疲労度、宿題未提出率、学習上の不正率（カンニングやほかの作品の剽窃(ひょうせつ)など）、ストレスによる健康問題の発生率が増加している」というデータが作成されました。

　この学校では、生徒が悩まされているもっとも一般的なストレス要因が、「評価」、「宿題」、「成績」であると突き止めました。そして、これらの問題を解決するために新しい学校方針をつくって、新たな実践に取り組んできたわけです。

　新しい取り組みとしては、1日のテスト回数を2回までとすること、学期ごとの成績評価期間を短縮することなどが挙げられます。成績がつけられる回数が減らされると成績発表までの時間が長くなり、人生や進路に大きな影響をもたらす重要な試験（155ページの注参照）を受ける前に生徒の学習状況が十分把握できるようになりました。また教師は、宿題の提出を必須

____

㉕　「ハイパーチェンジ」にあてた訳語です。ここでは、予測不可能な未知への変化と、それがもたらす従来世界の崩壊の様を表した言葉であると理解しています。

㉖　具体的なデータは明示されていません。また、感情と社会性に関する情報を数値化するのは不可能でしょう。よく使われるのは出席日数や遅刻数、退学率、停学率などで、それ以外には、心や体の健康、周囲環境への適応、健全な集団づくりなどにつながる行動や心理面の特徴を測る「情報知能尺度（EQS）」が考えられます。

にするかしないかを自分で決められるようになったのです。

　もっとも大きな変化は成績に関するものでした。この学校では、教科や授業ごとに成績を数値で評価するという方針から、学習のプロセスを重視して習得を基盤とした文字による「成績評価方針」[27]という、統一された基準に移行したのです。

　生徒は、課題の提出期限の延長、学期中にもらった教師やクラスメイトからのフィードバックを踏まえて課題を修正し、再提出が許されました。

　形成的評価や総括的評価、授業中の課題、宿題、小論文や論文などの構成要素は最終的な成績の85%を占めており、残りの15%は、提出期限や出席時間の厳守、積極性、参加する意欲、協力しようとする姿勢、性格、話し方などといった「目標達成のための習慣」が反映されていました。

　これらの変化をいち早く実現したことについて、アーレンワイン校長が次のように振り返っています。

　　極めて真面目に行動したり、変化させたりすることが真にインパクトをもつまでに数年かかると承知していましたが、全体的には、非常にポジティブで深い理解に基づくフィードバックを手にしました。生徒は、成績評価の方針が統一されたことを高く評価しており、「どの作業をすること」が「もっとも重要であるか」を決めることに関して公平な機会が整えられたのです。

　　以前の成績評価の方針においては「何が重要か」が統一されておらず、「どれくらい重要か」という基準でさまざまな

点が評価されていたのは事実です。しかし、文字による評定が数値による評定の厳しさを和らげてくれました。

　生徒は、テストの具体的な点数ではなく、学習における目標達成度をざっくり分けたカテゴリーで自らの学習を見つめるようになりました。ほかの生徒と比べて点数がどうなのかよりも、自分が学んでいる対象を重視するようになったわけです。生徒たちは、「A⁻やB⁺をもらっても、80点台後半や90点代前半の点数のように心をグサグサと刺されない」と言っていました[28]。

　教師たちも、実践してきた集団での変化と移行が初期段階でよい影響を与えていると実感したようで、初年度だけで学習における不正行為の60％、ストレスによる健康問題の90％が減少しています。興味深いことに、1年を通して評価された「目標達成のための習慣」のなかに「話し方」が含まれていたため、生徒は教室内でより品のある、質の高い言葉を選んでいました。

　彼らの話し方を評価しはじめたことで、話すのが苦手な生徒や話したがらないような生徒も、少しですが話すという行為に目覚めたようです。［参考文献19］

---

(27)　数字で得点化されたものではなく、AやB、Cなどのアルファベットで表記される成績のことです。この点およびそのプロセスに生徒が参加する方法については、『聞くことから始めよう！──やる気を引き出し、学習意欲を高める評価』（仮題）を参照してください。

(28)　80点台後半や90点台前半と言われると高得点なのですが、この学校の生徒たちはかなり優秀な生徒集団であるため、100点満点か悪くても90点台後半を目指していたのでしょう。

　また校長は、「学校全体で変わることによって、ストレスを抱えてきた生徒に与えたポジティブな影響をさらにサポートするために」、もう一つのステップを踏んだとも書いています。

　この学校では、学校事務室や生徒指導カウンセラーの部屋にいる「セラピー犬」[29]の利用が、生徒の必要に応じてできるようになりました。さらに、全生徒と教職員を対象とした、マインドフルネス（129ページを参照）やガイドつきの瞑想プログラムも実施しています。アーレンワイン校長は、学校がはじめた「学びの健康」の実践を補完するものとして、これらのプログラムの重要性について次のように述べています。

「学校として、生徒や教職員全員が学校内の廊下や壁を越えて、身体と心の健康を促進する実践（瞑想）から多大なる恩恵を受けたと強く感じています」

　アーレンワイン校長は、感情と社会性の問題をこのように解決しながら学校における学びの改善に取り組んできました。もちろん、感情と社会性の問題に対応し続けるためには、この高校がとった最初のステップをさらに改良する必要があります。とはいえ、アーレンワイン校長は、これまでに達成したことについては満足しています。

　このように、学校と学習環境のなかで、すべての学習に関する統計的な指標において成功を収めてきたわけですが、私は、生徒やその家族、そして教職員の生活の質を向上させるために、先生方や学校が一丸となって変化を起こしたことに

| 畏敬の念と誇りをもっています。［参考文献19］

＜　まとめ

　よい選択をすることは生涯を通じて磨き続ける必要のあるスキルですが、年齢を重ねるにつれて、まちがった判断がもたらす結果はより重大なものになっていきます。生徒の誤った選択を防げるとは誰も言っていませんし、失敗から学ぶという場合もあるでしょう。しかし、生徒が善悪を理解し、自らの選択がほかの人にも影響を与えるという点を意識できるようにすれば、その生徒や周りの人たちにもよい影響を与えます。

　生徒は、自分の決断が目先の結果に留まらず、学習経験にとんでもない結果をもたらしてしまう恐れがあることを理解する必要があります。生徒に責任ある意思決定をする機会を与えれば学習にオーナーシップをもつようになり、その結果、自らが貢献できる場をつくるようになります。

　学校と家庭が協力すれば、生徒がより良い判断をするようになり、万が一悪い判断をしてしまってもその痛みは和らげられます。生徒が犯した過ちを恥じるよりも、将来より良い判断ができることに焦点を当ててみてはいかがですか。誤った選択やそれによって生じた結果を後悔するための機会を生徒に提供し、すぐに立ち直る方法を教えて回復する力を高め、より深い学習ができるようにしていきましょう。

---

⑳　『感情と社会性を育む学び（SEL）』の137～138ページを参照してください。

振り返りの質問

❶ あなたの授業で、生徒が学習について適切な選択をする機会を確保するにはどうしたらよいでしょうか？

❷ 生徒の決断にどのように対応しますか？

❸ あなたの授業では、生徒はどのくらい意思決定に対するオウナーシップをもっていますか？　その状態をさらに向上するためにはどうしたらよいでしょうか？

❹ もし、学校で能力別クラス編成が行われているとき、あなたの授業で学びたいと思っている生徒を受け入れるためにはどうしたらよいでしょうか？

❺ クラス全員の声が反映される、誰もが学びに責任をもてるカリキュラムをつくるために、あなたには何ができますか？

❻ あなたの学校やあなた自身は、生徒の感情的・社会的な幸福度を高めるために何かを選択するとき、責任ある意思決定を行っていますか？

第 **5** 章

成績に対する感情的な反応を
理解し、改善する

　採点して成績をつけることには賛否両論があります。しかし、学校制度の多くは、生徒の学習レベルがどのあたりにあるのかということを効率的に伝えるために、この伝統的な方法に固執しています。生徒同士を比較する方法としては適しているのでしょうが、効果的で思いやりのある方法としてはもっとも不適切だと言えます。

　どのレベルの生徒もレッテルを貼られてしまい、比較され、管理され、その過程で恥ずかしい思いを抱いてしまいます。また、この事実に疑問を感じる人がほとんどいません。なぜなら、私たちがそのような教育を受けてきたため、おそらくほかの選択肢があることに気づいていないからでしょう[1]。

---

[1] 協力者から次のコメントをもらいました。「私の場合、成績廃止という選択肢はつい数年前まで思いつきもしませんでした。今は、5段階などの評定ではなく、生徒の自己評価や目標設定と教員の応援コメントこそが一番大切な評価だと思っています。とくに小学校では、それらを重視した『成長の記録』をつくっていくシステムが増えたらいいな、と感じています」これを実現するために、『イン・ザ・ミドル』（第8章）、『成績をハックする』『増補版「考える力」はこうしてつける』、『一人ひとりをいかす評価』、『一人ひとりを大切にする学校』などを参考にしてください。

うまくいけば評価は、生徒の学習状況を正確に把握する細やかなプロセスとなり、生徒と保護者が子どもの学習についての改善策を見いだし、前に進んでいく手助けとなります。評価は、学びのスタート地点から最終のゴールに向かう過程において、目標が達成できたと感じてもらうことですべての生徒が成長マインドセット（第2章で説明）を身につける手助けともなり得るのです。

この章では、成績評価が生徒にもたらす精神的苦痛と、能力別クラス編成などの、学習における分け隔てについて探究していきます。ほとんどの制度と学校が成績を求めているからといって、改善する方法を詳細に検討しなくてもいいというわけではありません。なぜこのような構造が続いているのか、今こそクリティカル（9ページの注参照）に考えるべきです。

成績評価による精神的苦痛

教師にとっても、生徒にとっても、採点によって精神的な負担を感じるものです。これまで私は、成績評価の作業が好きだという教師、とりわけ中学高校の教師に出会ったことがありません。それでも、フィードバックをしたり、生徒が何を知っていて、何ができるのかを理解するためのサポートが嫌いなわけではありません。要するに、成績をつけるための「紙の山」を前にすると気が重くなるだけです。

もちろん、生徒のほうも、成績をつけられてレッテルを貼られるかと思うと精神的に疲れてしまいます。まず、何かに取り

組むわけですが、仮に一生懸命努力したとしても、その努力を認めるかどうかの決定権をもっているたった一人の存在に提出しなければならないという「弱み」があります。

　全力で取り組んだかどうかは別として、生徒や教師は、人間性を奪われるような形でその取り組みの意味を受け止めているようです。その例として、高校生のローガンがインタビューに答えた内容を紹介しましょう。

　やることが決まると、まず「先生が望んでいる答えは何だろうか？」と考えます。たいていの場合、先生は期待していることを明らかにしません。挫けそうになると友だちに連絡しますが、友だちもまた先生が何を求めているのか分かりません。それで、一生懸命頑張ったとしても、期待にこたえられるかどうか自信がもてず、腹も立つし、不安にもなります。

　算数がだんだん難しくなってきた小学校のころは得意としていたけど、中学生になると宿題の量が増えたので、先生とは違うやり方を親から教わりました。頭の中で計算できるのですが、全部書きだす必要がありました。それができないと、授業中にみんなの前でバカにされるのです。自分なりのやり方にそぐわない、先生に言われたとおりのやり方でするとどうすればいいのか分からなくなってしまい、家でよく泣いていました。

　両親が助けてくれましたが、かえって悪い結果を招くだけでした。母が先生に、「学んでいることは、すでに３か最高の４のレベルに達しているので、家ではもう宿題をやらない

ことにしました」とメールで伝えてくれました。その当時は不安で仕方がなかったので、州のテストも免除されました。

　中学校での1年目が最悪でした。不安が大きくなり、パニック発作を起こすようになりました。家にいると、学校に行くのが辛くなるのです。先生にも親にも事情を話したのですが、「それでも、みんなと同じようにやりなさい」と言われるだけでした。

　高校生になった今、成績についてはいろいろな教科でよい経験も悪い経験もしました。よい成績はとれるのですが、そのためには、先生が望んでいるやり方で答えを出さなければなりません。これは、必ずしも学ぶべきものを学んでいるという状態ではありませんが、「学校」というゲームのやり方を知っていることを意味します。

　高校1年目の最初の中間テストでは、授業によって何がテストされるのかが分からなかったので、「うまくいくはずがない」と思ってストレスがたまりました。しかし、成績が公開されるとよくできていたので安心しました。

　ローガンの経験は「成績優秀者」とされる生徒によくあることです。成績がよくないといけないというプレシャーから、学ぶことの本質的な価値を知るといった喜びを味わうことができないのです。ローガンの母親である私は、彼の不安を目の当たりにしてきました。パニック発作に襲われた彼を迎えに行くために、職場に呼びだしの連絡が入ることもありました。

　ローガンのことをもっとよく知ってもらうために、長年にわ

たって先生方と一緒になって取り組んできましたが、思うような成果は得られませんでした。先生たちはローガンの頭がいいことは認めていたので、能力を最大限に引き出すためには、彼をより厳しく追いこむことが一番だと考えていたのです。

　ローガンのことを本当に理解してくれたのは、アベンド先生という特別プロジェクトを担当している教師でした（特別プロジェクトとは、私たちの教育委員会の英才教育プログラムです。公平性を保つという観点から言えば、このプロジェクト自体が別の問題を抱えています）。

　彼女はローガンのことをよく理解してくれて、しっかりとした関係を築いてくれていました。ローガンの挑戦を後押しして、彼が納得する形で問題が解決できるようにしていました。ローガンが中学校の１年目のときに登校できた理由はただ一つ、特別プロジェクトがあったからです。そして、彼のような生徒がどのクラスにもいるというのが現実なのです。

　もし、私たち全員が、成績が理由で引き起こされるジェットコースターのような感情の理解に時間をかけ、成績での評価を軽く扱えば、すべての生徒からより多くのものが引き出せるはずです。もし私たちが、一人ひとりの生徒が目標を達成できるように教え、その生徒にとって意味のある方法で評価するように努めれば、学校に行くのが嫌になるという生徒は少なくなるはずです。

　私が学校に通っていたころは、Ａをとることが非常に重要でした。完璧主義との闘いは、学びから喜びを奪ってしまいました。数年が経って、クラスメイトと「一番」を競わなくなるま

で、ある教科にどれだけ興味をもっていたのか気づけませんでした。私は、親にも先生にも、自分のストレス状態についてあまり語りませんでしたが、大学に入るころには胃に穴があきかけていました。

　成績が生みだす不安やストレスで体調を崩す生徒がいてはいけません。知らず知らずのうちに、生徒に心理的なダメージを与えてしまうという状態は非常に危険です。

競争と協働・協力

　競争——それは、さまざまな方法で私たちにやる気を出させ、前へ前へと駆り立てる強力な考え方です。

　私は、ずっと以前から非常に強い競争心をもっています。小学生のときから多くのスポーツを経験し、しばしば男子に混じって唯一の女子生徒として活躍してきました。そのため、自分がどの程度の技術を身につければいいのかについて、十分理解していました。

　このように言い切るのは、チームメイトからバカにされたり、仲間はずれになりたくなかったからです。性別で見てほしくなかったし、女子だからという理由で一番弱い立場だと思われたくなかったのです。そのため、チーム内でポジションを維持し、スタメンであり続けるために人一倍努力を重ねてきました。

　高校に入学して、女子サッカー部に入ったときもそうでした。先輩と同じくらい優れた技術をもっていないと試合に出られない、と分かっていました。そのため、フィールドではあらゆる

ポジションで活躍し、必要に応じて動けるようになるため、練習中はもちろん、自宅でも精いっぱい努力しました。

　私の競争心は、フィールドの中だけでなく、教室でも発揮されました。試験が終わったり、何かのプロジェクトが返却されるとき、誰が一番高い点数をとったかをみんなで競いあいました。採点が書かれているページに飛びつくや否や、すぐさま友達のセスのほうを向いて点数の確認をしました。「あら、また1点差で勝った！」と叫んだものです。

　今思えば、ちょっと恥ずかしいことですね。学習やスポーツは、切磋琢磨することでより良い結果が導かれるのでしょうが、結局のところ、本当に大切なのは競争ではなく協働なのです[2]。学習者や選手として成長するためには、とりわけその競技や学習を長期にわたって続けられるようにしたいのなら、私たちはチーム一丸となって取り組む必要があるのです。

　教師、つまり生徒と同じ屋根の下にいる大人の学習者である私たちは、今でも不快なレベルの競争を経験する場合があります。評価に関するものや、プログラムの割り当て、あるいは生徒が示す好感度さえも競争の対象となっています。このような競争意識は、もちろん公に認められたものではありませんが、生徒と同じように教師のなかにもまちがいなく存在しています。

[2]　協力者から「この視点、とても大切！　人間は自然と私利私欲を求めて競争します。でも、平和で公正な社会をつくるためには協働という概念を身につける必要があります。協働の力は、学校教育においてもっとも重要視されるべきだと思います。なのに、成績のシステムは競争を煽るようにつくられてきました。この事実を検証して、今後、変える方法を考える必要があると感じさせられます」というコメントをもらいました。

しかし、協働こそが、私たちが目指すべき資質なのです。私たちは全員、一人ひとりが豊富な経験と知識をもっていますが、欠点がないわけではありません。お互いに協力して取り組めば本来もっている力が発揮できますし、改善も可能で、欠点の軽減が図れます。私たちは、一緒に取り組みさえすればより良い結果が生みだせるのです。

　では、教室や学校で協働を促進するためにはどうしたらよいのでしょうか？　そのためには、一人の勝者をたたえるよりも、互いに協力しあう人々を尊重するという環境を整えなければなりません。だからといって、全員がトロフィーをもらうべきだ、と言っているわけではありません。その代わりに次のようなことができます。

成績に「サヨナラ」する

　学習に成績をつけるというのは、コミュニケーション手段としてはかなり効率の悪い方法です。誰の役にも立ちません。学習は個人的なものであり、一人ひとりの生徒は、スタート地点も違えば進む速度も違います。それぞれが前に進むために、お互いではなく自分自身と競争するように、と言いましょう[3]。

　学ぶことは、それ自体が目的であり、クラスメイトや同僚より優れた存在になるためではありません。学校の方針で成績評価を必要とする場合は、授業で成績をつける課題を減らし、生徒の声を取り入れて評価するとよいでしょう。このテーマについてより深く知りたい方は、拙著『成績をハックする』[参考文献49]と『聞くことから始めよう！』(仮題)[4]を参照してください。

生徒同士がグループで協力しあう機会を授業中に提供する

　協働して取り組むことが、必要なグループでのプロジェクト
をつくります。授業以外の時間にも生徒たちに課題を与え、一
緒になってさまざまな解決策を導きだし、集団による問題解決
を促進します[5]。

単なる「タイムキーパー」を超えた、認知的な役割を明確にする

　グループワークでは、「タイムキーパー」や「記録係」とい
った役割がありますが、それは受け身でしかありません。生徒
は、積極的な役割を担う必要があります。誰かの声が疎外され
たり、ほかの声が優先されたりしないように、すべての人が知
識を高めるための機会がもてるようにしましょう。

　コニー・ハミルトン（Connie Hamilton）[6]は、著書『質問・

---

(3)　協力者から「歴史的に教育とは、ほかの家族、民族、国家と競って、かぎ
　　られた資源を取りあうために職位がとれる賢い官僚、強い兵や使える従業
　　員を養成するためにありました。そのなかで『競って勝てる人』を育てる
　　というのは自然な発想だったと思われます。そして今も、日本を含む多く
　　の地域において、その理念が教育に強い影響を与えています。それが理由
　　で、『負けない人』になるために成績を競わせているのかなと思います。で
　　も、ここにあるように、もっとも大切なのは自分の弱さに負けないことで
　　す」というコメントがありました。
(4)　著者のマイロン・デューク（Myron Dueck）は、カナダとニュージーラン
　　ドで教師を務めたあと、現在は管理職および教育コンサルタントとして、
　　成績と報告システムの開発と支援を行っています。邦訳書は刊行間近です。
(5)　これについては、『プロジェクト学習とは』や『あなたの授業が子どもと世
　　界を変える』などで具体的な方法が紹介されています。
(6)　25年にわたり、教師、教え方のコーチ、そして校長として教育にかかわり
　　続けてきました。現在は、教育委員会でカリキュラム・ディレクターのか
　　たわら、北米各地の教育現場で相談役として活躍中です。

発問をハックする』[参考文献25]のなかで、「教師ができること
は、生徒が『自立的に考えるバトン』をほかの人に手渡すこと
を認めない」（50〜52ページ）[7]ことだと書いています。

人間関係を築く

　生徒同士が信頼関係を築けるように、お互いに知りあえる機
会を何度もつくりましょう（第1章で詳しく説明しました）。
生徒がお互いを知り、信頼しあえるとき、より効果的な協働作
業ができるようになります。

　念のために記しますが、「お互いを好きになりなさい」と言
っているわけではありません。確かにそうすれば役立ちますが、
協力して取り組むために必要なことではありません。健全な尊
敬の念をもっていれば、それで十分です。とくに思春期の生徒
にとっては、友情が邪魔をして学習の妨げになる場合がありま
すから。

生徒が協力の仕方を知っていると思いこまない

　どうすればよいかと、はっきり教えます。ほかの先生と協働
している姿を見本として示してください。個人で努力した場合
と協働で努力した場合の違いを、実際に比べてみるのです。

分かりやすくする

　協働したからといって、その努力がすべて成功につながるわ
けではありません。とくに最初はそうなりやすいので、その難
しさについて分かりやすく生徒に話しましょう。

協働モデルは競争モデルとはまったく違うので、目標を達成するためには努力が必要となります。生徒には、協働とはお互いに頼るものだと教えましょう。助けあい、役割の交代、また責任を分担してもかまわないのです。しかし、これらにはすべて練習が必要です。常に練習の時間を設けてください。

評価が自尊心に与える悪影響

生徒の自尊心は、他人からどのように見られているのかによって変化します。しかし、他人と比べたことで、本来役立つはずの自分のユニークな資質を見逃したり、知っていることやできることを過小評価してしまう場合があります。ほとんどの場合、より多くのことが達成できるかどうかは、自分自身をどのように見ているのかによって変わってきます。

学校での成功や失敗は、彼らの自尊心に重大な影響を与えます。多くの調査研究では、自信も含めた自尊心の高さと高いレベルでの達成度と、自尊心の低さと低いレベルでの達成度との間には相関関係があると示されています。まちがうことを学習プロセスの一部と見なし、成長マインドセット（64〜67と212〜218ページ参照）で励ます文化を促進すれば、失敗体験が生徒の自尊心に与える悪影響は軽減できるのです。

---

(7)　バトンとは、生徒自身が思考の主導権を握っていると自覚することを象徴的に表すものです。人に頼るのではなく、常に自分で考え続けることが求められます。ちなみに、この章のタイトルは、「生徒に『分かりません』とは言わせない」です。

とくに、成績や進学、就職などといった人生を左右するような重要な試験や評価（155ページの注参照）は、生徒自身に対する見方に大きな影響を与えます。ある高校のカストロノバ校長は、試験が潜在的にもたらす破壊的な影響力について説明しています。そして、教育関係者に別の方法を検討するよう促しています。

評価と自尊心の危険な交わり

　学力評価と生徒の自尊心が交差するところでは、互いがぶつかりあってしまいます。長きにわたって教育界では、テストは習得した知識を正確に表すものだと信じられてきました。そのため、生徒にプレシャーを与える必要がある、と教師に思いこませてしまったのです。それはまた、指導力の反映ともなるからです。

　このようなまちがった考え方によって、教師と生徒の関係は悪化の一途をたどりました。教科の理解度がテストの点数で示されると、事実に基づく情報の保持が苦手な生徒は落ちこぼれ、学習遅進、LD（学習障害）などといったレッテルが貼られてしまいます。逆に、暗記が得意な生徒は、その教科の理解度が高いと思われます。

　これらの考え方は、一部の生徒にとっては正しいかもしれませんが、あまりにも多くの場合、まちがった結果をもたらしてしまい、生涯にわたって学習者に悪影響を及ぼしてしまいます。

　人生を左右してしまうような試験や評価は、評価と学習者

の学びとの間に存在している「因果関係」を推測できないようにしてしまいます。その結果、毎年「1」や「2」などといった低い成績をとる無数の生徒の自尊心に破壊的な打撃を与えてきました。

　私は40年にわたって教師として働いてきたので、生徒の自尊心に影響を与える評価の悪い面を嫌というほど目の当たりにしてきました。現在、感情面における悩みをもっている女子生徒を対象とした、州が認可した私立高校の校長を務めていますが、従来の学校における成功尺度がいかに生徒の感情と社会面のウェル・ビーイング（13ページの注参照）を損なうのか身をもって体験しています。

　創造的で柔軟性があり、既成概念にとらわれないといった考え方をする教師がいなければ、生徒は感情面における成長も学習面の目標もほとんど達成できないでしょう。このような生徒、そしてすべての生徒には、自分にあった評価環境で自分の知っていることやできることを証明する機会が必要です。そのような機会がなければ、成績に反映する「失敗者」と自認してしまいます。

　個人的な話をすると、私の娘には学習障害があるため異なる方法で学んでいるのですが、テストが生徒に与える影響を痛いほど見てきました。毎日、毎週、毎年、テストの成績が悪いために精神的に追い詰められる状態を目の当たりにしていると、自分自身が信じられなくなり、将来への希望も失うといった様子がうかがえます。

　従来の学校制度は、このような生徒が劣等感を抱いたり、

小学校でいうところの「バカだ」と感じるような仕組みになっています。テストでの評価にさらされることによって、生徒は「居場所がない」と感じてしまい、教師は自分を非力だと思い、学校制度は通常教育と特別支援教育に分断されるという、意図しない結果になってしまうのです。

　私たちには、大切な学習者の自尊心を守るためにもっとできることがあるはずです。「テストの点数が学んでいることを映しだしている」という幻想から脱却しなければなりません。少し立ち止まって、評価の目的が何であるか思い出せば、効果的な結果を得るための努力について見直すことができるかもしれません。

　意図しているものを確認するためだけにテストは行われるべきです。もし、生徒が何を理解しており、何が説明できるのかを知りたければ、何度もその機会を提供すればいいのです。私たちはまず、生徒がどのように学び、どのような形で理解したのかを表現するためのよい方法を見いださなければなりません。

　この10年間で分かってきたことですが、一人ひとりをいかす教え方(8)は、あらゆるレベルの学習者にとって効果的な方法です。同じく、一人ひとりをいかす評価も、知っていることと理解していることを評価するための手段として有効です(9)。

　教師には、紙と鉛筆を使うテストにおいてよい成績をとる生徒だけではなく、すべての生徒の進歩具合を正確に測定するための評価方法が必要です。多様な評価方法を用いれば、学習に遅れた生徒、またはその逆となる優れた学習者という

誤ったレッテルを貼ってしまう危険性が減らせます。

　従来の、多肢選択式の標準化されたテストの実施は、その方法によって成功できる生徒の能力を単に測定しているだけです。このようなテストの場合、生徒が何を知っているか、何を理解しているのかについては分かるでしょうが、あまりにも多くの生徒たちの自尊心を犠牲にしてしまいます。

　教師は、別の評価方法を提供する必要があります。すべての生徒の心の健康が、危機に瀕しているのです。

ニューヨーク、ハーモニーハイツスクール校長、

ジョン・カストロノバ博士

（バランス・ウェルビーイング研究所の共同設立者）

　成績や自尊心に関する生徒自身の考えは、このテーマに価値ある気づきを与えてくれます。カリフォルニア州ローソン中学校のジャナニ・ナガスブラマニャさん（8年生）の意見を紹介しましょう。

　成績と自尊心は非常に関係が深いと思います。その場で与えられたテストを見ただけで、その日の心の状態が変わります。もし、テストが簡単だったら、生徒はよい成績がとれて

---

(8)　原文は「differentiated instruction（違いのある教え方）」です。生徒一人ひとりが多様な能力をもち、その興味関心、知識や理解、学び方や学習履歴などの違いをいかし、一人ひとりのニーズにあわせた教え方を指します。詳しくは、『ようこそ、一人ひとりをいかす教室へ』を参照してください。

(9)　このために書かれた本が『一人ひとりをいかす評価』です。

プライドが保て、自信にあふれて興奮するでしょう。

　しかし、これは誰にでも起こることではありません。とくに、与えられたテストを最後までやりきれず、よい結果が出せないと感じたら、やる気は完全に削がれてしまい、自尊心が傷ついてしまいます[10]。また、普段は得意とする授業でもよい結果が出せないでしょう。

　このような生徒は、テスト対策そのものに課題を抱えているかもしれません。たとえ成績がよくないとしても、もし教師が生徒の成長や努力を認めて、すべての生徒を次の学年に進級させたらどうなるでしょうか?

学業成績によって決めつけられる　個人のアイデンティティー

　私は小さいころ、「A評価の生徒」に位置づけられていることが自分自身のアイデンティティーの大部分を占めていました。その認識は、修士課程でも、教師になったばかりのころも続きました。そのため私は、自分の経験をベースにして、学歴というレッテルを貼ることの犠牲について語れます。人にどう思われようとも、私は成功を「名誉の印」として身にまとっていました。

　逆に、私の弟は非常に頭がよかったのですが、学校の授業ではうまくいかず、人を受け入れることができませんでした。私たちが学校で達成したことについて、親はいろいろなことを期待しました。その期待感の影響によって私はますます完璧主義者になり、「うまくやらなくては」という余分なストレスを感

じるようになりました。

　学習において成功することを個人のアイデンティティーに結びつけるのは、いかなる成績レベルの生徒にとっても危険です。学習面で成功している人の多くは、失敗を恐れる気持ちと完璧主義を抱えて生きています。その状態は、本当の意味での学びと創造性の「息の根」を止めてしまうのです。

　一部の人はその影響に気づいていないでしょうが、採点期間中に感じる感情の起伏は、よい成績をとり続けるという能力に対する感覚に直結しています。

　一方、学習に苦労している生徒は、「バカ」、「怠け者」、「長所がない」というレッテルを貼られてしまいます。自分は学校でうまくやれないと思いこむようになり、なかには努力をしなくなる生徒もいます。

　また、中間の学力層にいる生徒は、成績の上下にとらわれると、自分のために考えを主張するといった面が忘れがちとなり、損をしてしまいます。

　生徒がどの学力レベルにいるかにかかわらず、学習面でレッテルを貼るのは危険な行為であり、長期的に見て生徒を傷つける可能性があります。学校には、すべての学習者が「自分には

⑽　協力者から次のコメントをもらいました。「このように生徒の気持ちを知ることはとても大切だと思います。多くの場合、学校の先生たちは過去の学校システムの成功者で、自分にたまたま合っていた制度・評価方法を再生するばかりです。そのような評価方法が合わないという生徒の気持ちは分からないので、今後は多様性があることを認め、なんとかオープンな形で気持ちを聞いてあげ、一人ひとりに最適な指導と評価を試行錯誤することが必要かと、改めて考えさせられます」

相応の能力がある」と思い、みんなが目標達成できる環境をつくって提供する義務があります。

　自己アイデンティティーと学習成績を関連づける弊害の観点から、高校を卒業したばかりのアリソン・ハミルトンさんが自らの学習経験について述べたコメントを紹介しましょう。

　学習において私は、ほぼ毎日、平均以下の点数しかとれませんでした。時々、運がよければ並外れてよい点をとることもありましたが、ほとんどの場合、それにはほど遠い結果でした。私に尋ねたいかもしれませんね。
「アリー、あなたを平凡な人間にする原因は何なの？」と。
　私の答えは次のようなものです。
「私は、最終学年の12年生になっても、９年生の生物を再履修しなければなりませんでした。これで３度目です」
　あなたの目をまっ直ぐに見て、「思い描いたとおりの高校生活を全面的に楽しんでいるよ」って言えればよかったのですが……。そして、「９年生では三つの上級クラスの授業がとれ、優秀な成績で卒業できたよ」って言いたかったです。
　でも、GPA[11]3.5以上の優秀な成績で卒業したことを示す金色のタッセルを卒業式に着るガウンにかける代わりに、私は「自分はダメな人間なんだ」と悟って座っていました。
　学校は、私にとって常に挑戦の場でした。私は不安と闘っていました。
　テストのプリントが返ってきて「Ｄ」という文字が目に入ったとき（慣れているのでショックを受けないとあなたは思

うでしょうが）は毎回心が折れてしまい、椅子に沈みこんで
しまうような気分でした。たまにそれなりの結果を出しても、
自分にとってはさらに辛くなることがありました。

　テストが返却されると、誰にも見られないようにリュック
に押しこみますが、たまには小テストなどで合格することも
ありました。そんなときは、そのプリントを机のまん中に置
いて、みんなが見てくれるのを期待しました。

　けれど内心は、今回はただ運がよかっただけ、と分かって
います。光合成の公式を覚えていなかったし……先生がきっ
とまちがえたのでしょう。しかし、私は先生に申告するつも
りはありませんでした。私がとったものだろうとそうでなか
ろうと、ＡはＡなのです。

　４年間の高校生活は、詰めこんでは失敗するという日々の
繰り返しでした。同じ学年のほかの生徒がどうしていたのか、
私には分かりません。彼らは、Ａより低い評価を受けるとシ
ョックを受けていましたが、私の場合、Ｂをとれば両親がお
祝いとしてアイスクリームをごちそうしてくれたのです。

　アリソンの文章を読んで、私はとても悲しい気持ちになりま
した。私は、彼女が特別な支援を必要とする生徒だと知ってい
ました。

　学校での経験が自分らしさを決定してしまうケースがあまり
にも多く、その結果、アイデンティティーが損なわれてしまい

⑾　「Grade Point Average」の略で、大学や大学院などへの入学のための成績
　　評定として使われています。

ます。もし、アリソンが、教師やクラスメイトから「勉強ができない」と思われることを気にせずにすんだら、学習者としての自信を深めることができたかもしれません。

　私たち教師にとって教訓とすべきことは、たとえ学習内容やスキルにまだ習熟していなくても、すべての生徒が学習に自信がもてるように、懸命に努力をしなければならないということです。

　私たちが、生徒が学習したことを振り返る機会や、それぞれの進歩に応じたより良い感覚を伸ばす機会を提供すれば、学校の内外で学ぶ経験をさらによいものにできるはずです。また、学習環境のなかに「お祝いの場」(12)を組みこむこともできるでしょう。それは、生徒が目標を達成し、その地点までたどり着くために困難を乗り越えてきたというプロセスが実感できるような学習環境です。

　元中学教師で、現在はウエストチェスター大学（ペンシルベニア州）のデイヴ・ブラウン（Dave Brown）教授が、「青少年のアイデンティティーに関する考え方は、彼らの学習にどのように影響するのか？」というタイトルの記事において、アイデンティティーを６種類に分けて記しています［参考文献６］。これは、自分がどうなりたいのか、自己認識が成績とどのように関連しているのかを理解しようとする際に生徒が考えるべき分類となります。

　そして、これらの分類と、それに関連して、生徒が自分自身に問いかけるかもしれないものとして、いくつかの質問を紹介しています。

・ジェンダーのアイデンティティー

「性別によって、自分はどのような仕事に就けるのだろうか？　男性と女性は、学業をどのように成し遂げるべきなのだろうか？」

・人間関係のアイデンティティー

「家族や友人、クラスメイト、教師と、自分はどのように付き合えばいいのだろうか？　どの関係が、自分にとってもっとも重要だろうか？　また、この人間関係は自分の勉強にどのように影響するのだろうか？」

・身体のアイデンティティー

「私は十分身長が高いのか？　なぜ、私の髪は金髪ではなく黒で、ストレートでなくカールしているのだろうか？　（中略）陸上競技や演劇、音楽などが得意なら、あるいはとんでもなく美人なら、成績は大して重要ではないので頑張る必要がないのか？」

・民族性のアイデンティティー

「チカーノ[13]、イタリア人、黒人、アジア人、プエルトリコ人、

---

(12)　(celebration) 個人や全員の取り組みや努力、それによって得た成果を讃えたり、次へのモチベーションを高めるもので、アメリカの教室ではよく用いられています。この言葉と、「invitational learning」ないし「invitational education」（生徒を招き入れる学び）は対になっているような気がします。単に教科書をカバーする授業ではなく、生徒を主体にする（ないし、生徒と一緒につくった）授業でどれだけ成果を上げたのかをみんなで祝うというニュアンスです。『いい学校の選び方』のなかで、小学校3年生のときに受けた授業として、「生徒を招き入れる学び」が紹介されています。入手困難な方は、pro.workshop@gmail.com まで連絡をください。

(13)　メキシコにルーツをもち、アメリカに居住する人々のことです。

イラク人、インド人、ネイティブ・アメリカンであることは、どういう意味をもつのだろうか？　私のような民族は、学業に励むと期待されているのだろうか？」

・反対のアイデンティティー

「私は、家族や自分が属していない文化における多数派のように振る舞いたくない。（中略）私の先生は白人なので、家族は、先生が私たちのことを気にかけてくれているとは思っていない。だから、多数派の文化のなかで期待される行動とは真逆の行動をとろうと思っている」

・社会経済的なアイデンティティー

「クラスメイトのなかには、私よりずっと高価な服を着ている人もいる。（中略）彼らは大きな家に住んでいる。どんなに頑張っても私にはお金持ちと同じものを手に入れることはできない。だったら、なぜ努力をしなければならないのか？」

また、ブラウンは次のようにも指摘しています。

　教師の態度や行動も生徒の成績に影響を与えます。教師のなかには、成績の悪い生徒が将来的に学習面で成功することをあまり期待していない、と不用意に口にしたり、またはほのめかしたりする人がいます。

　教師の応答の仕方は、生徒自身が学習目標に到達するための努力をはじめるか否かに大きな影響を与えます。また、文化的な配慮を欠いた指導は、民族的に多様とされる学習上のアイデンティティーを低下させる可能性があります[14]。

　ブラウンの観察と、本書および私たちの教室で発せられている生徒の声は、私たちの偏見が、意図的ではなくても、どれほど生徒のアイデンティティーを傷つけているのかに気づく必要があるということを教えてくれています。

　生徒が自身のアイデンティティーを確立できるように支えるために、私たち自身のアイデンティティーを徹底的に探究しなければなりません。私たちは教師として、自分のもつ特権と、それが仕事にどのような影響を与えているのかについて誠実に考え続けるという義務を負っています。そこで、自らに問いかけてみてください。

　自分の権力は、自分のアイデンティティーにどのような影響を与えているでしょうか？

　自分の自意識は、生徒や同僚にどのような影響を与えているでしょうか？

　生徒の人生によい影響を与えるために、自分には何ができるのでしょうか？

　自分の教室では、また自分の学校では、それはどのようなものとして現れていますか？

---

⑭　2人の協力者から「教師は権力ある立場にいるため、生徒に対して失礼、無神経、無知な言動があっても、多くの場合、生徒はその指摘ができず、やりたい放題になってしまいます。すべての生徒の尊厳を大切にし、気をつけたいと思います」、「これまでの日本では、この点は弱かったと思います。外国人労働者が増えてきているなか、学校に留まらず、私たちはこうした危険性に、より自覚的になる必要がありますね」というコメントを受け取りました。

優秀賞と学力順位

　第4章では、学校によって責任ある意思決定を下すなかでの学力順位について議論しました。ここで、再びそのテーマに戻って、生徒の感情面でのウェル・ビーイングに及ぼす効果についてさらに探究していきます。

　人間は、成績順に並べるべきではありません。しかし、学習成績が優秀な上位数名を表彰するといった伝統があり、私たちは常に順位をつけています。残念なことに、ひと握りの生徒だけを認めて選ぶという行為は、同時にほかの生徒を排除することを意味します。これでは、目標を実現する大人にはなれないでしょう。

　表彰されたり、認められることのない生徒は見落とされ、拒絶されたと感じ、その結果、たとえ別の面で成績がよくてもやる気をなくしてしまいます。トップをとる生徒でさえ、価値ある人間関係や内発的動機づけ、学習そのものへの興味を育てることより学力競争を優先させてしまうと、それが理由で生じる差別意識によって傷ついてしまいます。

　その生徒が同級生に嫌われる恐れがある、ということを知っていますか？　また、大学に入学してほかの「成績優秀者」に混じりあうまでの「自慢の種」を親に提供するだけといった方法で、生徒はどのようにして大学への入学準備ができるのでしょうか？　そして、それらの「成績優秀者」たちは、「一番」だった人たちのなかに入ったあと、どのようにやっていくのでしょうか？

　簡単に言えば、もし私たちが学習を競争に変えてしまい、ひと握りの勝者を選びだすまで生徒たちを闘わせるようになったら、学びからすべての喜びを奪ってしまうということです。

　ある研究者が、「学力順位は一部の生徒を動機づけ、他を疎外する」と題された記事において次のように報告しています[参考文献47]。

　　ギャラップ社の調査によりますが、「GPA による順位づけ」が「学力を改善する」かもしれませんし、そうではないかもしれません。学習に対する動機づけは、極めて複雑で個人的なものです。学習者一人ひとりがもつ本質的な強みを特定し、より効果的に築きあげれば、学習面での目標を達成するように促せます。おそらくもっと重要なのは、夢中になって取り組むということ（エンゲイジメント）です。

　アルフィー・コーン（147ページの注参照）は、「授業での順位廃止の事例」という記事のなかで、成績だけではなく授業での順位も多くの生徒に悪影響を及ぼす、と論じています[参考文献32]。彼が指摘しているのは次のようなことです。
「私たちが成績の平均値によって生徒を順位づけすると、トップクラスの生徒の差は、統計的には意味のないほんのわずかな小数点以下になるかもしれません。そのため、大学の入学事務局には優秀な生徒が不当に低く見えてしまう可能性があります」
　また彼は、「順位づけは必ずしも学力面だけでは決まらない」とも述べています。

206

「学校というゲームができる能力（GPA への影響を考えて授業を選択したり、教師に好印象を与えるための工夫など）や、睡眠、健康、友人関係、趣味の読書、そのほか成績の邪魔になるかもしれないものを犠牲にすることをいとわない」といった姿勢が反映するかもしれません。

　学校は、このようなやり方を考え直し、「生徒の序列化を維持すると生徒同士を分断してしまい、彼らの連帯感を失わせるような文化を継続させることになる」と、良識ある保護者に説明する必要があります。

　もし、すべての生徒に帰属意識をもたせたいのであれば、学力で競争するという考え方の代わりに、目標をどれだけ達成したのかという基準で評価する方法を理解してもらい、それぞれの生徒が最高の成果が出せるように励まさなければなりません。

＜ まとめ

　成績、比較、順位を競うことは、生徒の自己アイデンティティーに悪影響を与える可能性があります。卒業生総代や「誓いの言葉」を読みあげる代表者を決めるような慣行は、一部の人だけが栄誉を授けられるという文化を助長します。一緒にいて安心できるという考えを促す協働的な学習環境では、「クラスのトップ」になることを常に求めるよりも、チームとして機能する方法を生徒に教えるほうが生産的です[15]。

　常にいい成績を維持しなければならないという社会的な圧力は、生徒に深刻なストレスを与え、将来にわたって望ましくな

い影響を与えてしまうかもしれません。私たちが一番避けたい
のは、大学入学前に、生徒が学びに対してバーンアウト（149
ページの注参照）してしまうことです。そのピークが早すぎる
と、キャリアや人生を支えるどころか、破滅の原因となってし
まいます[16]。

　幼稚園から高校までの環境において、将来どのような道をた
どろうとも、目標を達成するために必要とされる学習スキルを
身につける必要があります。高校を卒業する段階で、すでに人
生の先行きについては「計画済み」という生徒もなかにはいま
すが、そのような計画を立てるべきではありません。人生には、
多くの探究や経験と出合う機会があるわけですが、生徒からそ
の可能性を奪い去ってしまうと、良い面よりも悪い面のほうが
多くなってしまいます。

振り返りの質問[17]
---

❶自分の評価方法が与える苦痛を最小限にしているかどうかを
　確かめるために、あなたは何をすでに行いましたか？　また、
　何をこれからしますか？

---

[15]　協力者から「この文、とても好きです。自分の小学校の授業でも大きく強
　　調しようとしている点です。何が『有能な人か』を考えるときに、自分の
　　興味を追いつつ、ほかの人と助けあってともに伸びていける人になること
　　が大切ですし、教育はそこに力を入れるべきだと思います」というコメン
　　トをもらいました。

[16]　『遊びが学びに欠かせないわけ』でフォローしてください。すでに、アメリ
　　カでも日本でも進行している大きな問題です。協力者から「同感です。大
　　学入学や就職で燃え尽きてしまう学生も相当数見られます。本当は、そこ
　　から先に何をするかが大切なのに」というコメントがありました。

208

❷成績の重要性について、あるいはその弊害について、あなたはどのように感じていますか？

❸あなたの生徒時代の体験は、成績や評価の仕方、考え方にどのように影響していますか？

❹生徒のアイデンティティーの形成に、あなたはどのように貢献できますか？

⒄　協力者から「このまま学校の教員研修で使いたい、とてもいい質問です。この章ではとても多くのことを考えさせられます！」というコメントがありました。研修が実質的なものになりそうです。教師が自身自分を問い直し、評価を変えるようになればと思います。

209

個別評価で生徒の尊厳を高める

　私の教師としてのキャリアは、ニューヨーク市の低所得層が
住む地域にあるファーロッカウェイ高校ではじまりました。こ
の学校に通う生徒のほとんどがマイノリティーです。私が育っ
たロングアイランドにあるニューヨークのベッドタウンからわ
ずか4マイル（約8キロ）しか離れていない場所でしたが、私
はその教室のなかにいるただ一人の白人でした。

　このようなキャリアの初期に、私は自分自身についてたくさ
んのことを学びました。今思えば愚かなことでしたが、当時、
自分は人種差別主義者でもないし、偏見をもっていないと信じ
ていたのです。私の両親はリベラルな思想の持ち主で、意識し
て、「すべての人に対して同じような態度で接するように」と
言って私を育ててくれました。私自身も、そのようにやってき
たと信じていました。

　生徒についてよく知るようになってから、同僚がそうであっ
たのと同じく、私自身も自分の思いこみのせいで生徒に悪影響
を与えていたことに気づきました。彼らときちんと会話をする
必要がある、と学んだわけです。そのためには、好奇心をもち
続ける必要がありました[1]。

----

(1)　このテーマで書かれた本が『好奇心のパワー』です。ご一読を！

　私は生徒の意欲をかき立て、優秀な学習者として常に扱い、彼らの出身や背景がどこであるのかにかかわらず、彼ら自身の可能性を最大限引き出していく必要がありました。私が教えなければならないカリキュラムには、多様な視点について取り上げたり、話をするといったことはほとんど含まれていませんでした。また、私が行うことになっていた従来のテストは、生徒が知っていることを表現するものになっていなかったのです。

　私はよく、ファーロッカウェイ高校で最初に教えた生徒のことを思い出します。彼らは賢い若者でしたが、あまり気にかけてもらえなかったり、見た目の違いからほかの人とは違った扱いをよく受けていました。

　同じ市内にある他校に異動してからも同じような状況を目にしたため違和感を覚えました。生徒との関係を築き、彼らを一人の人間として理解し、彼らが目標を達成するためのあらゆる機会が得られるように、どのように教えるのか、何を教えるのかについてより良い選択ができるよう、私は常にさまざまな方法を試そうと努力してきました。

　生徒との豊かな関係を築くための重要なステップは、自分では気づかないような偏見の中身とその特徴を教師がよく理解することです。ハーバード大学の「バイアス・プロジェクト」を利用するとよいでしょう。このプロジェクトでは、自分では気づかないような偏見がどのようなものかを理解するために、さまざまなオンラインテストを提供しています[2]。

　管理職や教師、生徒、そして保護者の方々には、いくつかテストを受けて、気をつけなければならない分野を確かめていた

だき、これまで自覚していなかった点の改善を強くおすすめします。

　リーダーシップ・プログラムを受けていたとき、公平性を保ってリーダーシップを発揮する能力に影響を与えているかもしれない「無意識の偏見」がどこにあるのかを探るため、私は二つのテストを受けました。その結果、アフリカ系アメリカ人よりもヨーロッパ系アメリカ人を若干好む傾向があると分かりました。

　これは予想もしていなかった事実です。また、肌の色が暗い人よりも明るい色の人のほうに好意的であるということも分かり、この点でも驚きました。

　私はこれまで、実に多様な環境のなかで人々を理解しようと努めてきましたし、それぞれの文化や考え方を受け入れようとして、たくさん質問もしてきました。自分が白人としての特権をもっていることは自覚していましたが、オンラインテストの結果は痛いところを突かれているようで、時には恥ずかしい思いもしました。

　自分がどこで生まれ、どのように育てられたのかについては、私自身に責任がないことは分かっています。しかし、多くの人が自分ほど恵まれているわけではないという現状を思うと、後

---

(2)　原著ではハーバード大学のウェブサイトが紹介されていましたが、日本語でも受けることができるサイトを紹介します。年齢・体重・ジェンダー・セクシャリティー・人種・肌の色・国家という七つの項目で、それぞれ10分程度のテストが用意されており、一つずつ選びながら受けられます。

ろめたく思ってしまうのです。

　教育者として私たちは、自らの無意識の偏見を認めて、受け入れる必要があります。そうすれば、いかなる差別も行うことなく、学習と評価について公平で公正な決定が下せるのです。もちろん、「公平」だからといっていつでも「公正」であるとはかぎりません。生徒の経験や好みに応じて、それぞれが必要とするものを与える必要があります。生徒に合わせてもらうのではなく、私たちが生徒に合わせなければならないのです。

＜　評価における成長マインドセットの推進

　第２章において「成長マインドセット」の概念を紹介しました。成長マインドセットにおける大事なポイントは、「学習では時間がかかってもよいのだ」と生徒が理解することです。成長マインドセットを身につけた生徒は、何らかの知識やスキルがすぐに身につかなくても、それが「遅い」とか「頭が悪い」といったことを意味するのではなく、「**まだ**学習目標に到達していないだけ」いう事実を知っています。

　成長マインドセットは、評価を受け取ったときの対処方法に明らかに影響します。多くの生徒は、評価の結果が悪いことは不運であり、克服するのはとても難しいと感じています。困難に見舞われるとすぐに諦めてしまうものですが、生徒には困難を乗り越える力がありますし、学校でも学校外でも目標は達成できるのだという成長マインドセットを身につけてほしいと考えています。

　次ページの**図6-1**は、課題や評価でがっかりするような成績を受け取った生徒の反応に、マインドセットがどのように影響するのかを示したものです。

　この図から、すべての生徒が成長マインドセットを身につけるためには、頭の中のつぶやきの方向性を変え、頭が良いか悪いかではなく、自分自身を「**まだ**学習中」として見るようにすることが効果的であると分かります。生徒は多くの可能性を秘めていますし、生徒がその可能性に気づき、それを追求するためのサポートをする機会が私たちにはたくさんあります。

　次に示す短いストーリーでは、ある生徒がテストに不合格になってしまったショックが理由で成長マインドセットを身につけた様子が語られています。このエピソードは、成長マインドセットの力を示すと同時に、従来の成績評価のあり方が生徒の価値を成績に直結させてしまっている影響について書かれています。

20個のバツ

　真っ赤な大きなバツ[3]がページいっぱいにつけられて、恥ずかしくて私の顔は真っ赤になってしまいました。クラス全員が私のほうを見ており、優等生としての私の地位が傷つけられて、壊れていく様子を思い浮かべると、胸が張り裂けそうになりました。

---

[3]　原著では「スラッシュ」と表現されています。まちがった箇所に赤字でつけられる記号です。日本でもスラッシュを使う人もいますが、バツのほうが伝わりやすいと考えて変更しました。

図6-1　生徒のマインドセットが学校における課題への対応をいかに形づくるか

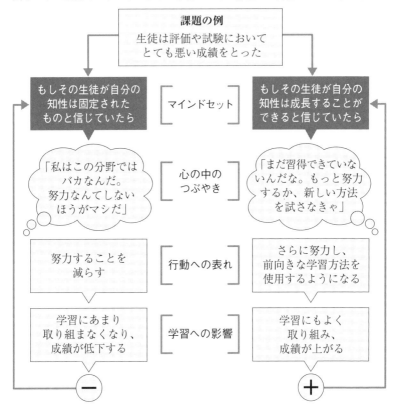

（出典）https://mindsetscholarsnetwork.org/learning-mindsets/growth-mindset

マインドセット・スカラーズ・ネットワーク（Mindset Scholars Network）[注]とカリッサ・ロメオの許可を得て転載しています。

（注）　2015年に設立されたネットワークで、生徒がどのような経験をすれば学習や生活に大きな影響を及ぼすのかと考え、教育システムのあらゆる側面に目を向けて調査を行っています。2021年に「生徒の経験のための研究ネットワーク（Student Experience Research Network）」と名称を変えて、すべての生徒が価値ある人として、また深く思考する人として、尊重される教育システムを構築するために必要とされる研究に取り組んでいます。

　信じられないと思いながら、たくさんのバツを見つめていました。何の説明もなく、何のフィードバックもないなかで何時間もかけて勉強し、準備してきた結果が20個のバツで示されたのです。

　頭の中では答えのない疑問が渦巻き、完全に戸惑っていました。低い評価を示す大きな「Ｆ」の文字が私をにらんでいましたが、それはまるで私の知性や自尊心をあざ笑うかのようでした。私はもうGPAが満点の模範生徒ではありません。落ちこぼれてしまったのです。

　以上は、９年生（23ページの注参照）で初めて社会科のテストを受けたときのものです。自分のノートに書いた内容はよく理解していたのですが、テストに出た問題は、私がこれまで勉強してきたものとは違う内容でした。自分なりに努力をしましたが、このときの設問は私を戸惑わせました。まるで、まったく別の教科のテストをわたされたかのように感じました。

　どうしてこんなことになってしまったのだろう？　私は何をまちがえたのだろう？　とても混乱して、テストのプリントに書かれた得点を見てとても恥ずかしい思いをしました。しかも、じゃあ何をすればよいのかということも判断できず、とにかく身体が固まってしまったのです。

　私は引っ込み思案です。とくに、教えられている内容が理解できたと思ったときは質問をしません。でも、今回のテストは違いました。テストの内容は授業の内容と一致していま

せんでした。私がノートに書いた内容とも違いました。テストには、今まで聞いたこともないような人物や場所に関する些細な事実が並べられていたのです。机に向かってどうしようかと考えていたら、ベルが鳴ってテストが終わりました。

それからの数週間はあっという間でした。母が参加した保護者面談において先生は、教科書の付録CDの内容を使ってテストをつくったことを認めましたが、私の成績を変更することも、「別のテストをもう一度実施することもない」と言いました。

同じようなテストがその後も行われ、私はそのたびにとても苦労しました。この事実は、先生が授業で教えた内容とテストの内容が一致しないことの裏づけとなりました。

母は、副校長と担任の先生との面談を受けましたが、「ほかの生徒はうまくいっているんだから、あなたの娘さんに問題があるのではないですか」と言われて帰ってきました。

（先生たちは、ほかの生徒がCDの答えをインターネットで見つけて写しているだけという事実を知らなかったのです。）

私はまだ14歳でしたが、すぐに一つの岐路に立たされていることに気づきました。それまで失敗と向きあったことがなかったからです。とても心が傷つきました。心が痛いし、バカにされた気分にもなりました。

この状態は、私が必死に避けようとしていたことの一つでしたが、この時点ではまだ静かに「底なし沼」に沈んでいました。そのとき、私には三つの選択肢があると気づいたのです。悔しい思いをしながらこの１年を過ごすか、楽な道を選

んでほかの生徒と同じくズルをするか、自らの学習に責任を
もち、辛抱強く成績を上げようと頑張るか……。

　この年の残りは独学で励みました。授業中にノートをとり、
家に帰ってから教科書と照らしあわせました。ウェブサイト
を見たり、地図を分析したりしました。州の基準を印刷して、
自分で練習問題までつくりました。

　その授業でＡ評価をとるために知り得たことはすべてやり
ましたが、年度末にわたされた成績の封筒を開けると、そこに
は92点で「Ｂ評価」と書かれた文字が私を見上げていました[4]。

　私はＡ評価がとれなかったのです。もう、卒業生総代には
なれないでしょう。大学の奨学金も獲得できないかもしれま
せん。一生懸命取り組んできた記録はどこにも残りません。
私の勤勉さについて書かれた推薦状ももらえません。その授
業内容を習得するためにどれだけ努力をしたか、私以外の誰
も知る由もありません。そんなことはどうでもいいのでしょ
う。誰かが気にかけてくれるのでしょうか？　このＢ評価は、
いったい何を表しているのでしょうか？

　９月につけられた20個のバツが私に「落ちこぼれ」の烙印
を押しましたが、最終的には力のある手足となってくれまし
た。強さと知識はプリントに書かれた点数だけに表れるわけ
ではなく、ほかの場面でも表れることに気づきました。私は
セルフ・アドヴォカシーができる人（98〜102ページを参照）
になったのです。

----

(4)　92点であればＡ評価となりそうですが、この学校ではもっと高い点（95点
　　以上？）をとる必要があったようです。

218

　私は、自分の知っていることをほかの人と共有するリーダーになりました。学校の勉強だけに全力を注ぐのではなく、部活に入ったり、スポーツをしたりして、人生の目標をバランスよく達成する方法を学びました。

　現在、失敗してしまったときに自分自身を責めない方法を学んでいる最中です。失敗というのは、単純に「学びに向かう最初の一歩」なのです[5]。

　プリントに書かれた成績よりも私自身は偉大なのです。真っ赤なバツで定義されるわけではなく、つけられなかったバツによって私は力を与えられるのです[6]。負けても笑っていられるし、立ち直ってゲームにもう一度参加する方法も知っています。最初の失敗は「最大の成功」となりました。

クリストファー・ニューポート大学の学生、カトリーナ・レター
（変化をつくり出すNPOの未来のリーダー）

　カトリーナのエピソードは、生徒の成長マインドセットを育む重要性を語っています。私たち大人は、価値のあることに取り組むためにはそれなりの練習と時間が必要であるという事実を知っています。だからこそ、「学びには粘り強さが重要である」と生徒に伝えなければなりません。

　学習を振り返ってもらうときには、自分がやっていることを頭で理解するだけでなく、困難な課題にどのように取り組んだのか、やめたくなったときに我慢できたのかどうかなどについて、より深く掘り下げて考えてもらう必要があります。そして、

今後、どのようにすれば困難な壁にぶつかったときでも耐えられるのだろうかと考えてもらうのです。

　フィードバックにおいて、ほめ言葉を注意深く使うというのも一つの方法です。そうすれば、「自分は数学を学ぶ資格がない」とか「作家になんかなれない」などと生徒が結論づけてしまう代わりに、何かに向かって努力している自らの姿に目が向くような手助けができます。ある研究者は、ほめ言葉を使うための基本ルールとして四つを提案しています［参考文献48］。

❶誠実にほめる。

❷具体的にほめる。

❸ほめたことは記録し、教師の記憶にも残す。

❹ほめた内容について、ちょうどよいタイミングでフォローして強化し、深める。

　周りの大人が自分に注意を向けているという事実を、生徒は知る必要があります。ほめ言葉を効果的に使えば、私たちが彼らの声に耳を傾けていること、見守っていること、そしてすべてがうまくいったときにはそれに気づいて、何か言葉をかけるほど気にかけていると伝えられます。

　もちろん、ほめ言葉を使いすぎるとその効果が薄れてしまい、誠意が感じられなくなってしまうので注意が必要です[7]。

⑸　原文は「FAIL ＝ First Attempt In Learning」という表現です。英語圏で「失敗は成功のもと」という意味でよく使われています。

⑹　バツをつけられなかった部分、つまりその時点で「できていること」を確認する形で力を得て、次に進もうと思えるマインドセットのことを説明していると考えられます。

生徒の成長を記録するポートフォリオ

　公平で公正な評価方法という点では、標準テストには問題があります。標準テストでは、特定の経験をもつ特定の受験者、つまり白人の生徒の文脈に合うような内容、言語、構文が用いられるケースが多いです。その結果、このようなテストは人種差別的であると見なされ、高得点をとる生徒が事前に限定されていることから公平性の面で問題が生じています。

　スタンフォード大学の教授であるジョー・ボアラー（Jo Boaler）は、2003年に発表した論文のなかで、数学においては近隣の優秀な学校と同じくらいの学力をもつ低学力層の学校が「SAT-9」[8]のようなテストでは大した成績を上げていないという事例を紹介しています［参考文献5］。要するに彼女は、テストの問いに使われている文脈や問い方に問題があると主張しているわけです。

　この論文では、カリフォルニア州の都市部にある低所得者向けの「レイルサイド高校」に焦点を当てており、問いに答える際には、「カリフォルニア州のスタンダードにある数学を直接評価するという方法でテストを行いました。（中略）すると、レイルサイド高校の生徒はほかの学校の生徒よりも著しく高いレベルの成績を収めました」と記されています。

　「SAT-9」の問題とは違って、「このテストの問題は、言語的マイノリティーや低所得層の生徒が戸惑うような文脈で設定されていないのです。第二に、選択問題と同じ形式の問題を解いた生徒だけでなく、正解したすべての生徒が報われるようにも

なっています。そして、三つ目として、長くて分かりにくい文章は使われていませんでした」。

　公平性の面での欠点に加えて、標準テストや多くの期末テスト、学年末テストでは、生徒が知っている内容やできることを本当に示すことにはならず、また時間の経過とともに成長するといったことも期待できません。このような理由から、私たちは生徒のためにほかの評価方法を検討する必要があります。その一つがポートフォリオによる評価です。

　生徒にポートフォリオを作成してもらえば、自分の学習を振り返り、学習の進捗状況を確認できるほか、取り組んで来たことに誇りがもてます。ポートフォリオが教室や学校文化にうまく取り入れられれば、本物の学習と本物の評価を促せますし、生徒や家族に見える形で成長している証拠が示せます。ポートフォリオには、「コレクション（集める）」、「セレクション（選ぶ）」、「リフレクション（振り返る）」、「コネクション（つなげる）」という四つのステップがあります[9]。

----

(7)　『オープニングマインド』では1章を割いてほめ方とフィードバックの仕方を検討していますので、ぜひご覧ください。また、この本自体が成長マインドセットに焦点を当てて書かれたものです。そのほか、右のQRコードの「けっかがこわくて　チャレンジできなかったりする」のところにある2冊目の本も同じ理由でおすすめです。

(8)　アメリカ全土で実施されている標準テストであるSAT（Stanford Achievement Test）の第9版を指します。「SAT-9」は複数の教科にわたって実施され、選択式と自由記述式の試験を別々に受けたり、組み合わせて受けることが可能です。例に挙げられている数学では、問題解決形式の問題が出され、数学的なコミュニケーションや推論、問題解決の方法をどのように適用するのかという能力を測ります。

コレクション

　ポートフォリオ評価を受け入れる文化を構築するための最初のステップは、学校と教師が生徒の書いてきたものやつくってきたものを集める理由を明確にすることです。

　生徒は、学習したすべての課題やレポート、テストの結果、成果物などといった学びの証拠を自分にとって意味のある方法で整理し、特定の場所に保管します。なお、低学年の生徒には、ポートフォリオのなかに入れる資料の集め方や整理の仕方をしっかりと支援しながら[10]指導を行い、学習者として慣れてきたり、力がついてきたら、それに応じて徐々に支援を外していきます。

　私がポートフォリオを使いはじめたときには、つくりかけの作品と完成した作品を教室の後方にある「ハンギングフォルダ[11]に入れるように」と生徒に言っていました。そうすれば、つくってきたものを目で確認できますし、テストを受けたという記憶だけでなく、学習内容の具体的な記録が残せます。

　そして最終的には、デジタルに移行しました（学校がデジタル・プラットフォームを購入してもよいですし、単純に無料のGoogle ドライブや OneDrive の使用もできます）。

　生徒には、フォルダ機能を使って自分の資料が入っているドライブの整理方法や、ラベルをつける方法を教えました。デジタル化したことで、生徒がコメントを「解決」したあと[12]もそのフィードバックがドキュメントに残り、目標を設定したり、次の「セレクション」の過程で振り返るときに見直しができるほか、それまでの作業が完全に残るという利点があります。

　生徒が紙に小論文を書く場合は下書きを保管しないケースが多く、「練習用」の作品を完成版よりも価値が低いと見なして捨ててしまう場合があります。デジタルポートフォリオだと集めておくことが簡単ですし、探しものをすぐに見つけられるという検索機能も備わっています。

セレクション

　セレクションを行うタイミングとしては、成績評価期間の終わりあたりがよいでしょう。クラス全体でもっともよくできた作品やもっとも成長が見られる作品を選ぶなど、どの作品や資料を何点ぐらい入れるのかという基準を生徒と一緒に考えて決めます。そして、その基準にもっとも合致する作品を生徒自身が選びます[13]。

---

(9)　コレクション・セレクション・リフレクションについては、『学びを創る教育評価』のなかで、「ポートフォリオ評価」のサイクルとして紹介しています。

(10)　原書では「足場かけをして（scaffold）」という言葉が使われています。

(11)　「ハンガーフォルダ」とも言います。引き出しや壁、フレームなどにかけて使用できる書類収納です。

(12)　Microsoft の Word や Google ドキュメントにもついている「コメント機能」で、文書に質問や指示などのフィードバックコメントをつけ、それに「返信」の形で反応したり、そのコメントの内容を文書本体に反映させることでフィードバックへの反応が完了したら「解決」を選択するという機能です。「解決」の状態にすると、そのコメントも返信も色が薄くなったり最小化されますが、文書のなかには記録として残り続けます。

(13)　小学校段階では、毎週金曜日にする例が紹介されています。詳しくは『歴史をする』（とくに、122〜127ページ）を参照してください。そこでは、最初の三つのポートフォリオを「学習ポートフォリオ」、「金曜ポートフォリオ」、「評価ポートフォリオ」と呼んでいます。

リフレクション

生徒に、セレクションの段階でなぜその作品や資料を選んだのかを文章や音声、動画などで振り返ってもらいます[14]。そうすれば、自らの学習のなかに証拠を示しながら、今自分が何を知っていて、何ができるのかが明確になります。

よく考慮されていて首尾一貫した振り返りを書くためには、生徒自身が選んだものやクラスで起こった学びの幅広い状況についてじっくり考えるための時間が必要です。もし、あなたの教室において振り返りが習慣の一つになっていれば、ポートフォリオにおけるこのステップは馴染みやすいものになるでしょう。その場合は、目標達成のための基準を確認し、選んだ作品がどのように基準を満たしているのかを説明するだけでよいでしょう[15]。

コネクション

ポートフォリオをつくる過程の最終段階では、学習内容を別の学習や既習内容に目を移して、それぞれが結びつけられるかどうかを確認します。最初は、学習内容がほかの学習や能力とどのように関連しているのかを明らかにするために、生徒と一緒にブレインストーミングをしてみるといった支援が必要かもしれません。

ポートフォリオを導入すれば、学校の三者面談において、もっとも重要な声、つまり生徒の声を無視して、成績表や大人同士の会話に終始してしまうような従来の形式から脱却できます。生徒が自らの学習について話すためには、そのプロセスに参加

する必要があります。ポートフォリオについてのカンファランスや発表会は、生徒自身が学びについて語り、学んできたことを意味のある方法で主張するための訓練となる素晴らしい機会です[16]。

　学びの最後に時間制限のあるテストに代えて、ポートフォリオ評価を最終的な活動として取り入れれば、より公平で、一人ひとりに合った評価の第一歩となるでしょう。生徒は1年間の学習を振り返り、ポートフォリオについてそれぞれが発表し、自分の残したものがあらゆる学習分野の目標を達成する基準にどのように当てはまるのかについて示せます。

　このような最後の締めとなるポートフォリオの発表[17]は、クラス全体に向けて行うこともできますし、数名の教師に向けて行うことも可能です。また、生徒が動画を撮影したり、スクリーンキャスト[18]を作成したりして、自分のポートフォリオの中身について語るという方法も考えられます。

　次ページの表6−1は、生徒の最終評価に向けて私が準備したものです。

---

[14] 協力者から、「何でもかんでも挟みこむのではなく、『選択』をさせているのでリフレクションができるということですね。一方、生徒にポートフォリオ評価を行わせると、とくに初期段階では『学んだ結果』だけを説明する（しかも箇条書きで）生徒が少なからず見られます。『試行錯誤も含んだ学びのストーリーに興味があるのだ』と、粘り強く、個別に語りかける必要があると感じています」というコメントをもらいました

[15] ここまで「振り返り」を中心に書かれていますが、少なくとも4分の1ぐらいの比重は、これからの目標設定や計画づくりに割くことが望まれます。

[16] 生徒が主役の教育評価の実現とも言えます。生徒主導の（ポートフォリオを中心に据えた）三者面談については、『増補版「考える力」はこうしてつける』（とくに第8章）を参照してください。

表6-1　最終評価の方針

　1年の終わりが近づき、みなさんは自分が何を学んだのかについて真剣に考える時期になりました。年度末の自己評価と最終的なポートフォリオの発表に備えて、たくさんの資料を用意してください。みなさんが学んだことの証拠を示す方法にはいくつかの選択肢があります。全体的な指示を読み、自分が使う方法について具体的に書かれている部分をしっかり読んでください。

全体的な指示

　自分が「優れている」のレベルまで成長したと思えることや、あるいは少なくとも「もう少し」のレベルまでは来たことを示す証拠を用意して、ポートフォリオにそれを増やしていきましょう。

1．以下のように、自分のクラスで設定された具体的なスタンダードを確認します。
　　・11年生の新聞学習に関するスタンダード[注1]
　　・AP文学（22ページの注参照）と作文に関するスタンダード
　　・12年生の新聞学習に関するスタンダード
2．1年間取り組んで来たことを振り返り、得られた成果を確認します。
3．どの作品がスタンダードに照らしたときにもっとも自分の習熟度を示しているのかを決めます。
4．選んだ作品を具体的に参照しながら、それぞれの領域における学習内容が示せなければなりません。
　　a．読むこと
　　b．書くこと
　　c．話すこと
　　d．聞くこと
　　e．言語の特徴
　　f．ICT

評価の説明

評価	レベル	説明
A	優れている	生徒は、教えられた学習内容（単純なものであれ、複雑なものであれ）を超えて考えたり、学んだことの応用ができる。関連するスキルが必要な新しい課題について、それを達成する方法が教えられなくても、このレベルを保ったまま作業に取り組める。
B	習得している	生徒は、はっきりと教えられた情報やプロセス（単純なものであれ、複雑なものであれ）について、大きな誤りや抜け落ちがないことを示せる。
C	もう少し	生徒は、簡単な情報やプロセスについては大きな誤りや抜け落ちはないが、複雑な情報やプロセスについては大きくまちがえていたり抜けていたりする。
P	努力中	助けがあれば、生徒は簡単な情報やプロセスや、より複雑な情報やプロセスについて、部分的な知識が示せる。
ND/NI	評価できない	まだ実証されていない。助けを借りても生徒は、自分が何を理解しているのか、何ができるのかについて示せない。

「＋」がつくと、次のレベルに近づいていることを意味します。
評価のPは、「Passing」の頭文字です。
評価のNDは、「Not Demonstrated」の頭文字です。
評価のNIは、「Not Indicated」の頭文字です。

（出典）　©Marzano & Associates　許可を得て引用しています。［参考文献36］

5．自分が成長したと思う分野を必ず明記してください。
6．今年の目標は達成できましたか？
7．もっとうまくやれたのに、と思うところはどこですか？　その理由は何ですか？　うまくできるようになるために、どのような点を変えようと思っていますか？
8．必ず自己採点をしてください。

評価の具体的な方法の選択肢

筆記試験

自己評価を書く場合は、それぞれの領域のスタンダードを確認して、そこに記載されている項目に対応する課題・プロジェクトについて総合的に論じるようにしてください。

取り組んできたことから得た証拠を用いて、振り返りのように書きましょう。スクリーンショットを撮れば、あなたが説明しようとしていることを示す助けとなります[注2]。

マルチメディア評価

動画、スクリーンキャスト、音声（Boxer[注3]やボイスメッセージなど）を使用する場合は、何を話すのかを計画するところからはじめてください。

対面式のカンファランス

私とカンファランスをする場合は、上に示した情報や証拠となるものを用意してください。予約した時間の前に、持って行くべきものを準備してください。

カンファランスのスケジュールは、来週、各クラスに配布します。カンファランスの代わりになる振り返りを書く場合、〇月〇日までに書いて提出してください。

以上のほかに、何か自分を表現する方法についてよいアイディアがあれば、遠慮なく提案してください[注4]。

すでにできているポートフォリオの提出締め切りは6月10日です[注5]。すべてのカンファランスは6月1日からはじまりますが、まだスケジュールは決まっていません。

ここまでの説明を読んだら、学年末の評価をどのように行うのかについて、私までメールを送ってください。遅くとも5月19日

までには届くようにしてください。もし、分からないことがあれ
ば、私にメールするか、教室で尋ねてください。

（注1）　原書にはコモン・コア・スタンダードを示すウェブサイトへの
　　　　URL が記載されていましたが、ここでは日本での状況を想定して
　　　　説明します。この「スタンダード（到達目標ないし基準）」は、日
　　　　本の学習指導要領の「内容」に記載されている指導事項であるとと
　　　　らえてください。新聞学習そのものに言及した項目ではなく、「知
　　　　識及び技能」と「書くこと」に記載されている項目を確認して、ど
　　　　の項目が新聞学習のなかで必要なのかという点を判断します。新聞
　　　　学習にかかわる高校国語科の学習指導要領で言えば、「知識及び技
　　　　能」の「（2）情報の扱い方に関する事項」や「思考力・判断力・
　　　　表現力等」の「B　書くこと」の項目を確認することを意味します。
（注2）　日本の学習指導要領は、解説も含めて PDF で公開されているの
　　　　で、該当箇所をスクリーンショットで撮れば、同じことができます。
（注3）　ボイスメッセージのやり取りをするスマートフォン向けのアプリ
　　　　です。LINE や Skype などを使っても同じことができます。
（注4）　協力者から、「この部分素晴らしいと思います。評価方法の選択
　　　　肢を与えて、さらに生徒に別の表現方法のアイディアがあれば可能
　　　　とすると、生徒は主体性をもって最適な方法を自己決定すると想像
　　　　します」というコメントがありました。
（注5）　アメリカの年度末は6月です。日本では1月末〜2月初旬に配布
　　　　する資料として読んでください。

⒄　これを「エキシビション」とも言います。生徒の評価の中心にしている学
　　校がかなり増えつつあります。詳しくは、『一人ひとりを大切にする学校』
　　（第8章「大切なことを大切な方法で評価する」）を参照してください。とく
　　に高校の場合は、保護者やインターン先のメンターはもちろん、発表に関
　　連のある地域の人たちや他の学年の生徒、場合によっては中学校や小学校
　　の生徒を対象にして行われることもあります。「受信するよりも、発信する
　　ことで学べる」という事実を知っているからです。
⒅　パソコンの画面を録画して作成される動画のことです。最近オンライン授
　　業などで使われるようになった Microsoft Teams や Zoom などのビデオ会
　　議の録画機能を使って簡単に作成できます。

ELL[19]のための個別化された評価

　本書を通して述べてきたように、居場所があると感じること
が生徒の目標達成と深く関係しています。もちろん、教師の目
標達成にも同じことが言えます。あなたが新しい仕事をはじめ
たり、新しい学校に着任したとき、自分の居場所がどこなのか
分からないといったことがあったでしょう。そのときのことを
思い出してください。

　幸いなことにあなたは、すぐに友人を見つけ、その友人もあ
なたを仲間に入れて、新しい場所の文化やマナーを学ぶために
サポートしてくれたので、「よそ者ではない」と感じることが
できました。このような居場所感覚の必要性を、生徒は常に感
じています。だからこそ、英語を母語としない外国から来た生
徒にとってはそれがどれほど困難なことであるか、と想像して
みてください。

　よそ者であるというのは難儀なことです。ここでは、数年前
に私が韓国を訪れたときの体験談を紹介しましょう。

　韓国を訪れたとき私は、自分が知っていることやできること
を相手に伝えられないため、自分がいかに孤立しており、普通
は考えなくてもいいことを考えてしまい、疲弊してしまいまし
た。言語は、生徒の学びを理解し、新しい知識を伝えるための
強力なツールです。ほかの国から来た生徒だって豊富な知識を
もっているはずですが、翻訳という行為を通すことでそれが失
われてしまう場合がよくあります。

　以下のエッセイを読んで、自分がよそ者である状態をどのように感じるのか、またあなたのクラスで苦労している英語学習者がいないかどうかと考えてみてください。

　そうした生徒が自分の居場所を感じられるようにするために、何ができるでしょうか？　彼らが理解している内容をほか人に伝えられるように手助けすることで、彼ら一人ひとりの評価をどのように変えていくことができるでしょうか？

その言語を話せないたった一人になる——ある旅の振り返り

　学会に参加するために韓国に向かう飛行機に乗りこんだのですが、何が待ち受けているのか、私にはほとんど予想がつきませんでした。ちょうど1か月前にドバイに行ったばかりですが、中学から大学まで8年以上にわたってフランス語を学ぶまで、私のなかでもっとも遠くて、もっとも異国のイメージがある国はフランスでした。

　最終目的地である大邱（テグ）で飛行機を降りたとき（時差の関係で丸1日以上早い時間でしたが）、私は周りを見回してその光景を目に焼き付けて、数か月前からメールでやり取りをしている新しい友人のジェイソンを探しました。

　幸いなことに、彼のほうが私を見つけてくれました。私は紫色の髪をしているので、その地域に住む人々とは明らかに変わった姿をしています。だから、見つけるのはそれほど難しくなかったでしょう。

⒆　（English Language Learner）英語を母語としない生徒が英語を学んでいるクラスです。

「スター・サックシュタインさん？」ほとんど確信をもって彼が声をかけてくれました。

「ええ、そうです。どうして私だと分かったのですか？」と尋ねました。

「そんな気がしただけです」

　彼は温かい笑顔を浮かべて、私の荷物を「持つ」と言ってくれましたが、彼の車まで歩くだけなのでお断りしました。

　韓国の気候は、この時期のニューヨークとよく似ています。ジェイソンが「寒くなってきた」と言ったので、「ニューヨークも同じですよ」と私は答えました。外は晴れていて、秋の色が周りに広がっていました。

　熱心におしゃべりをしながら、彼が行ったことがないというお店で朝食をとりました。新しい食べ物を口にすると胃の調子が悪くなるので緊張していましたが、失礼にならないようにしなければ、と思っていました。でも、その食事はとても美味しかったです。また、韓国人のガイドさんや友人たちとの交流はとても興味深いものでした。

　私は彼に、文化的なマナーについて何度も質問しました。初めて知ることに驚いている様子を見せないように努めながら、すべてを受け入れました。

　一対一でジェイソンといるのは難しいことではありません。彼は英語がとても上手で、素晴らしいホスト役を務めてくれたのです。このときに彼は、「夜に開催される懇親会には参加しないので、代わりに同僚が迎えに行く」と言っていました。

　長時間の移動を終えた最初の夜、学会に参加している偉い先生方が何人か参加する懇親会に出席しました。その場にいたアメリカ人は私だけで、韓国語以外を話すのも私だけでした。周りの人たちと一緒に食事を楽しみ、招待客の何人かが私を歓迎してくれましたが、私は「明らかに孤立している」と感じていました。彼らは、私には分からない文化、言語、そして大学教授としての経験を共有していました。

　席に着いているとき、週末のさまざまな場面においても、言葉や文化、そしてマナーもほとんど分からない状態でアメリカに来たばかりの英語学習者たちのことを考えずにはいられませんでした。このような形で自分がよそ者であると感じたのは、これまでの人生において初めてでした。

　若いころも、大人になってからも、人と違うと感じることはありましたが、コミュニケーションがとれないわけではありません。どちらかというと、自分が何者であるか、自分が何を主張したいかを伝える能力は常に私の強みとなっていました。それだけに、そのための言葉をもたないという状態は、正直に言って非常に辛いものでした。

　この立場になって初めて、言葉が通じないことがいかに孤独なのかを痛感しました。一緒にいた人たちはとても親切にしてくれましたので、周りの人のせいではありません。私には理解できない方法でお互いに理解しあっているように見える周りの人々と、コミュニケーションがとれないことに対する私自身へのいら立ちだったのです。

　このような新しい経験を終えて帰国してから、アメリカ

（自国）での状況に応じて考えなければならないいくつかの
疑問点を思い浮かべました。

・この国に来たばかりの生徒の学習意欲をどのようにして高
　めるのか？

・失礼のないように彼らを迎え入れたとしても、彼らが、自
　分は孤立していると感じないようにするためにはどうすれ
　ばよいのか？

・彼らの母国のアイデンティティーを損なうことなく、私た
　ちに溶けこんでもらうための方法として何があるのか？

・彼らの周りで話すとき、どのようにすれば話し方に気を配
　れるのだろうか？

・私たちが普段している雑談を意味の分からない生徒の前で
　してしまうと、彼らはより孤立していると感じてしまうの
　ではないだろうか？

・このような生徒の孤独感を解消し、彼らの学校生活をもっ
　と充実させるためにどうすればよいのだろうか？

　教師である私たちには、すべての生徒にとって学校を安心
安全な場所にするという義務があります。私たちのことを信
頼してもいいと生徒は知るべきですし、どんな形であれ、孤
立してもいいと思わせてはいけません。

　このときの経験は、学校で取り残されてしまったグループ
の生徒に対する私の考え方に大きな影響を与えました。人間
の基本的な欲求の一つは、「自分の居場所はここなのだ」と
感じることです。安心安全を感じていなければ、そこでの学

習は決して起こりません。

　どのようにして英語学習者を私たちのコミュニティーに参加してもらい、彼らが私たちの生活に馴染めるようにするには何ができるのでしょうか。

（出典）　サックシュタイン「母語を話せないのは自分だけ：振り返り」（Education Week ブログ、2018年）許可を得て引用しています。

　ニューヨークの「ウェスト・ヘムステッド・フリースクール」の園長であり、英語学習の責任者であるフェイス・トリップ先生のエピソードには、英語学習者や多言語学習者への対応や評価に関するヒントが紹介されています。

英語学習者を学級に招き入れる

　私たちの教室には、近隣の街やアメリカ国内から、あるいは世界中から毎日新しい生徒がやって来ます。すべての生徒に共通しているのは、自分の居場所を確保したい、学習コミュニティーの一員として受け入れられていると感じたい、自分の可能性を最大限に発揮するためにチャレンジしたい、という望みです。

　時には、学校の教職員が努力することなく、スムーズに溶けこめる場合もあります。しかし、大抵の場合は、新入生を迎えるために本当の意味で彼らを受け入れ、彼らの参加を擁護する必要があります。と同時に、評価が彼らの現在の状況に合っているかどうかを確認し、目標達成ができるような支援を提供するためにかなりの努力が求められます。

　英語学習者／多言語学習者は、多くの場合、学校のなかでは取り残されています。彼らの言語的、文化的、そして社会的、感情的なニーズには、学習と並行して取り組まれなければなりません。教師として私たちは、そうした英語学習者／多言語学習者を守る責任があります。それは、彼らを「欠如モデル」[20]ではなく「資産モデル」[21]のレンズを通して見られるようにするためです。

　私たちは、自分たちの振る舞い、言語、カリキュラムが、インクルーシブな文化を支援することを保証しなければなりません。そして、すべての生徒に高い期待を寄せ、さまざまな入り口を提供しなければならないのです。

　たとえば、生徒の母語を使って評価をしたり、生徒が知っていることを示すためにマルチモーダルな方法（複数の手段）を選ぶ機会を設けて、生徒が目標を達成できるような支援を提供するのです。

　ほんの少し計画するだけで教師は、生徒が抱えるニーズを満たすための指導と評価の方法を、一人ひとりに合わせて提供できるのです。協力教員[22]が教師や生徒と密に協力して、それぞれの生徒がもつニーズを明確に伝えてくれるでしょう。

　教師は、受け持つ生徒の集団が典型的にもっている文化的慣習を認識する必要があります。生徒の母国における教育的背景や慣習についてきちんと調べる必要があります。たとえば、生徒の多くが、グループワークをしたり、お互いに何かを共有することを重視するという共同学習環境で育ってきています。新しい内容や言語を学ぶ際に生徒が協力しあえば、

教室内のコミュニティーはより強められ、学習者として成長できる機会が増やせます。

アメリカでは個人主義的な考え方が一般的となっているので、協力して助けあうといった生徒を疑う教師がたくさんいます。そういった教師の場合、協力して作業をこなすような方法を不正しているかのようにとらえる傾向があります。しかし生徒は、自らの学習経験に基づいて、慣れ親しんだ方法で目標を達成しているだけなのです。

つまり教師は、より多くの共同作業を行うべきですし、そうすることが、よりインクルーシブな雰囲気をつくりだすだけでなく、ヴィゴツキー（Lev Semenovich Vygotsky, 1896～1934）が推奨するもっともよい方法なのです[23]。

言語の違いは、公平でインクルーシブな学習環境をつくる際には焦点を当てるべき領域となります。英語学習者／多言

---

[20]　所得が低い集団の人々は、お金が足りない、教育の機会が足りないなどと考えられるように、ほかの人がもっている何かが「足りない者」としてとらえる考え方です。欠点、弱点、欠陥モデル、とも言います。

[21]　人々がもっている潜在的な力やスキルを資産ととらえ、その人が「何をもっているか」を基盤としてとらえる考え方です。利点、美点、成長モデル、とも言います。

[22]　教師とペアを組んで、一緒に授業計画の作成、指導、生徒の評価などを行う人です。日本では「TT（ティーム・ティーチング）」として知られていますが、主に算数などの教科にかぎられているのに対して、アメリカの場合は分担する業務が幅広いです。

[23]　唐突にヴィゴツキーが出てきましたが、これはヴィゴツキーの「最近接発達領域（ZPD）」にかかわる内容だと考えられます。生徒同士が協働して学ぶとき、一人ひとりの生徒にとって多様な「最近接発達領域」が複雑に生じ、それぞれに効果をもたらすということを説明しているのでしょう。

語学習者は、ほかの言語を知っているという利点をもっています！　それぞれの言語の間には、英語学習者／多言語学習者がしっかりと学習に参加できるような、同じ意味の言葉が存在します。準備は必要ですが、そうした同じ意味をもつ言葉同士を強調する形で少し支援すると、「自分は受け入れられている」と感じるような大きな効果をもたらします。

　読む・書く・話す・聞く機会をすべての授業に取り込み、生徒の言語習得を支援しましょう。視覚的な支援も、英語学習者／多言語学習者が学習をはじめたり、目標を達成したりするために役立つシンプルかつ強力な方法です。

　これらの支援すべてが学習機会を提供し、それを形成的評価に利用することでよりたくさんのフィードバックを生徒に提供でき、そこから得た情報に基づいて学習プランの調整ができるのです。

　多文化の文学を読み、表現することは必須です。さまざまな文化をもつ生徒を描いた物語の読み聞かせや、文化的慣習を正確に表現する活動を取り入れれば、すべての生徒が、自分はここで大切にされている、認められている、支えられている、と感じます[24]。

　また、算数や理科を学ぶ際には、さまざまな背景をもつ人々に焦点を当てる必要があります。教室の図書コーナーに置く小説は、世界中の作家や世界中の体験談が読めるものにしなければなりません。

　最後に、生徒の家族にも学習に参加してもらいます。家族のみなさんには、自分たちの文化を自分たちにぴったりあっ

た方法で伝えてもらいましょう。年に一度の多文化パーティーのときだけでなく、毎日、家族の方々に参加してもらいましょう[25]。

　あなたの支援が、生徒の家族にどのようなメリットを与えるのかを知りましょう。家庭と学校とのつながりを築き、言語や文化の違いを超えて協力すれば、本当の意味でのインクルーシブな学習環境がつくれます。

フェイス・トリップ

（ニューヨーク州「ウェスト・ヘムステッド・ユニオン・フリー・スクール」新しい言語としての英語科責任者兼幼稚園園長）

◁ まとめ

　生徒のことを知れば知るほど、学習や評価は一人ひとりに合わせたものとなります。また、生徒を効果的に評価するためには、生徒と良好な関係を築く必要がありますが、そのためには、すべての生徒の尊厳を尊重し、すべての生徒が自分には居場所があると感じられるような環境づくりが必要となります。居場所をもつことは、人間の本質的な欲求なのです。

　私たちはそれを優先して、すべての関係者に利益をもたらす

---

(24)　ここに興味をもたれたら、『読み聞かせは魔法！』を参考にしてください。

(25)　協力者から、「これもとても大事だと思います。海外から来た保護者は、自分たちが学校の集合体に受け入れられていない、と恐れてしまう可能性があります。教員が外国籍の保護者をゲストとして呼び、自国の紹介などを特別授業としてもらうのは、子どもが教室で受け入れられることを促進する効果があると思います」というコメントがありました。

ような文化を育む必要があります。生徒が目標を達成するためには、生徒のニーズに対する共感を深めるような文化を創造し、その文化に生徒が支えられるようにしなければなりません。

　私たちが働く学校の建物や学校全体の雰囲気がどうであれ、私たちは生徒を学習に参加させ、彼らのニーズや要望にこたえようとする学習環境をつくるだけの力はもっているはずです。どのような生徒であっても、彼らが確実に目標を達成するために、評価を開発する際には彼らを見て、聞いて、そして彼らについてよく考える必要があります。

振り返りの質問
---

❶すべての生徒が学習において目標を達成したと実感できるようにするために、あなたはどのような方法を使いますか？

❷学習や評価に困難を感じたときがあっても、生徒がポジティブな言葉を頭の中でつぶやけるようにするためにはどうしたらいいと思いますか？

❸評価のプロセスに生徒が参加することは、なぜ重要だと思いますか？

❹どうすれば、すべての生徒が「このクラスの一員だ」と実感できるでしょうか？

結論と行動への呼びかけ

　学校は、教えたり学んだりするだけの場所ではありません。私たちには、毎日、生徒の人生にポジティブな影響を与える機会がたくさんあります。生徒との関係を築き、新しいことや結果の分からないことに積極的に挑戦したり、興味のあることに探究するのをサポートし、人生を変える可能性のある新しい活動や学習内容に触れさせ、個人として、またはチームの一員として、目標を達成するために学ぶ協働的な環境を提供する必要があります。

　しかし、この試みを成功させるには、画一的なカリキュラムやテストのみで構成された評価といった従来のシステムを維持するだけでは不可能です。21世紀になってから、産業革命のころに導入された「大量生産工場型」の教育方法のままでは、ほとんどの生徒に通用しないことが証明されてきました。

　なかには、仕組みがどうであれ、うまく目標を達成する生徒もいます。しかし、大半の生徒は、社会経済的状況、親や保護者の居住地域、学校によるクラス分け、生徒を分け隔てる学校内の文化など、自分ではどうしようもない要因によって疎外されています。もし、私たちが学校を再構想しようとするなら、多様な声とあらゆる種類の学習者を念頭に置く必要があります。さらに言えば、改変が求められるもののなかには教員養成課程や教員研修も含まれます。

　本書の執筆中、世界中が新型コロナウイルスの大流行に見舞われ、アメリカでは建国以来ずっと続く、制度的な人種差別に対する抗議が広まりました。常にもっと学びたい、より良い解決策を見いだしたいと思っている白人の教師として、まだまだ学ぶことがたくさんあると思い知らされました。

　第6章で紹介しましたが、私自身が気づいていない無意識の偏見に対するテスト（210ページを参照）の結果は、今私が取り組んでいることを熟考する過程において重要なステップとなりました。自分の偏見に気づくことができ、改めてもっと行動を起こそうという意識が高まりました。今後は、多様性の研修を受けたり、いろいろな人から体験談を聞くという活動を続けていきたいです。

　これまで私は、一緒に働いている人や教えてきた生徒と率直な意見交換をたくさんしてきました。もし、何か分からないことがあれば、勝手に推測するのではなく、まず尋ねるようにしています。私は、自分が何か面倒なことをされたとき、その人が何を考え、何を感じているのかについて、推測では判断しないようにしています。その代わり、もっと深く掘り下げるようにしています。

　こんなことをする根本的な原因は何なのか？　この人は何か嫌なことでもあったのだろうか？　私とは異なる考え方をするのだろうか？　調子が悪いのは私のほうで、普段より厳しく、もしくは過敏になっているのだろうか？

　私たちが生きている世界では、教室に持ちこまれる無意識の偏見から逃れることができません。自分の問題点がどこにある

かについては十分学べますが、どのように応じるのかについては毎日の努力が必要となります。

　もし、学習における生徒の尊厳を守りたいのであれば、私たちはその価値を傷つけるようなレッテルを貼らない環境をつくらなければなりません。そして、一人ひとりの生徒の現状に向きあい、常に自分自身の課題について正直に話し、より深く理解するようにしましょう。そうすれば、生徒のすべてを評価し、すべての生徒が「自分はここにいていいんだ」と感じられる、一人ひとりに合った環境がつくりだせるのです。

　本書で紹介されている多くの声は、私が取り組み続けなければならない部分において助けとなりました。教室で過ごした年月、私にとっての最高の先生はいつも生徒でした。私は自分自身の声を小さくすることを学んだので、共感的に生徒の話を聴き、目の前にいる生徒のニーズに自分の指導を合わせられるようになりました[1]。

　当時はまだ「SEL（感情と社会性の学び）」という言葉がなかったので、私が行ってきたことをそのように呼ばないかもしれません。でも私には、生徒全体のニーズに対応する必要があるため、そのニーズに合うように指導と評価を変えてきました。もはやカリキュラムそのものが問題なのです。

　私が考えていたのは、どのようにしてすべての生徒が到達で

---

[1] 「『教師自身の声を小さくする』という箇所、とても好きです。そうしないと、生徒の声は聞こえないですし、生徒の本音の声がないと、次につながる評価は成立しません。生徒を大切にする評価において、もっとも重要なことかと思いました」というコメントを協力者からいただきました。

きるカリキュラムがつくれるのか、生徒の声を大切にするため
にはどうしたらよいのか、どのようにして生徒が目標を達成で
きるように導けるのか、ということでした。評価は、学習する
ためにあり、生徒とつながり、それぞれの状況において目標が
達成できるように、より良い方法を見つけるためのものでなけ
ればなりません。

　さまざまな感情、強み（得意）、課題、状況が混在している
生徒たちを探究し、育む存在であることを認識するために、今
こそ、生徒を評価する方法を根本から変えるべきです。私たち
には、生徒のためにより良い取り組みをする責任があります。

　あなたは、本書から何を学びましたか？
　あなたがかかわっている生徒や家族に、よい影響を与えられ
そうですか？

参考文献一覧

白抜きの数字のものは邦訳書があり、末尾に掲載しています。なお、
未掲載のものは、「訳注で紹介した本の一覧」に記されています。

① American Psychological Association (APA). (2006). Stereotype threat widens achievement gap. Retrieved from https://www.apa.org/research/action/stereotype

❷ Arrabito, C. R. (2020). *Quiet kids count: Unleashing the true potential of introverts.* Highland Heights, OH: Times 10 Publications.

③ Bloomberg, P. J., & Pitchford, B. (2017). *Leading impact teams: Building a culture of efficacy.* Thousand Oaks, CA: Corwin.

④ Bloomberg, P., Pitchford, B., & Vandas, K. (2019). *Peer power: Unite, learn and prosper: Activate an assessment revolution.* San Diego, CA: Mimi and Todd Press.

⑤ Boaler, J. (2003). When learning no longer matters: Standardized testing and the creation of inequality. *Phi Delta Kappan, 84*(7), 502–506.

⑥ Brown, D. F. (2009, June). How young adolescents' identity beliefs affect their learning. *Middle Matters.* National Association of Middle School Principals. Retrieved from www.naesp.org/sites/default/files/resources/2/Middle_Matters/2009/MM2009v17n5a2.pdf

⑦ Chandler, D. (1995). Biases of the ear and eye: "Great divide" theories, phonocentrism, graphocentrism, and logocentrism. Retrieved from http://visual-memory.co.uk/daniel/Documents/litoral/litoral.html

⑧ Claxton, G. (2018). *The learning power approach: Teaching learners to teach themselves.* Thousand Oaks, CA: Corwin.

⑨ Cobb, F., & Krownapple, J. (2019). *Belonging through a culture of dignity: The keys to successful equity implementation.* San Diego, CA: Mimi and Todd Press.

⑩ Collaborative for Academic, Social, and Emotional Learning (CASEL). (2020). Core SEL competencies. Retrieved from https://casel.org/sel-framework

⑪ Costa, A. L., & Kallick, B. (2008). *Learning and leading with Habits of Mind: 16 essential characteristics for success.* Alexandria, VA: ASCD.

⑫ Costa, A. L., & Kallick, B. (2014). *Dispositions: Reframing teaching and learning.* Thousand Oaks, CA: Corwin.

⑬ Dell'Angelo, T. (2014, September 29). Creating classrooms for social justice. *Edutopia.* Retrieved from https://www.edutopia.org/blog/creating-classrooms-for-social-justice-tabitha-dellangelo

⑭ Delpit, L. (2013). *Multiplication is for white people: Raising expectations for other people's children.* New York: The New Press.

❶❺ DiAngelo, R. (2018). *White fragility: Why it's so hard for white people to talk about racism.* Boston: Beacon Press.

❶❻ Dweck, C. S. (2006). *Mindset: The new psychology of success.* New York: Random House.

⑰ Emdin, C. (2017). *For white folks who teach in the hood . . . and the rest of y'all too: Reality pedagogy and urban education.* Boston: Beacon Press.

⑱ English, F. W. (2010). *Deciding what to teach & test: Developing, aligning, and leading the curriculum.* Thousand Oaks, CA: Corwin.

⑲ Erlenwein, M. (2020, February 20). Academic and social emotional wellness for high achieving students [blog post]. Retrieved from https://markerlenwein.com/2020/02/20 /academic-and-social-emotional-wellness-for-high-achieving-students/

⑳ Feldman, J. (2019). *Grading for equity: What it is, why it matters, and how it can transform schools and classrooms.* Thousand Oaks, CA: Corwin.

㉑ Freeman, Y. S., & Freeman, D. E. (2009). *Academic language for English language learners and struggling readers: How to help students succeed across content areas.* Portsmouth, NH: Heinemann.

❷ Frey, N., Fisher, D., & Smith, D. (2019). *All learning is social and emotional: Helping students develop essential skills for the classroom and beyond.* Alexandria, VA: ASCD.

㉓ Gladwell, M. (2020). *Talking to strangers: What we should know about the people we don't know.* East Rutherford, NJ: Penguin Books.

㉔ Gorski, P. (2016). Rethinking the role of "culture" in educational equity: From cultural competence to equity literacy. *Multicultural Perspectives, 18*(4), 221–226.

❷ Hamilton, C. (2019). *Hacking questions: 11 answers that create a culture of inquiry in your classroom.* Highland Heights, OH: Times 10 Publications.

㉖ Hammond, Z. L. (2015). *Culturally responsive teaching and the brain: Promoting authentic engagement and rigor among culturally and linguistically diverse students.* Thousand Oaks, CA: Corwin.

㉗ Hoerr, T. R. (2020). *Taking social-emotional learning schoolwide: The formative five success skills for students and staff.* Alexandria, VA: ASCD.

㉘ Honigsfeld, A. (2019). *Growing language & literacy: Strategies for English learners, grades K–8.* Portsmouth, NH: Heinemann.

㉙ Jagers, R. J., Rivas-Drake, D., & Borowski, T. (2018, November). Equity & social and emotional learning: A cultural analysis. *CASEL Frameworks Briefs, Special Issues Series.* Retrieved from http://measuringsel.casel.org/wp-content/uploads/2018/11/Frameworks-Equity.pdf

❸ Kendi, I. X. (2019). *How to be an antiracist.* New York: One World.

㉛ Kohn, A. (2012, November 26). Homework: An unnecessary evil? . . . Surprising findings from new research [blog post]. Retrieved from www.alfiekohn.org/blogs/homework-unnecessary-evil-surprising-findings-new-research

㉜ Kohn, A. (2016). The case for abolishing class rank. *Psychology Today.* Retrieved from www.psychologytoday.com/us/blog/the-homework-myth/201612/the-case-abolishing-class-rank

㉝ Leland, M. (2015). Mindfulness and student success. *Journal of Adult Education, 44*(1), 19–24.

㉞ Love, B. L. (2019, February 12). "Grit is in our DNA": Why teaching grit is inherently anti-Black. *Education Week.*

㉟ Love, B. L. (2020). *We want to do more than survive: Abolitionist teaching and the pursuit of educational freedom.* Boston: Beacon Press.

㊱ Marzano, R. J. (2006). *Classroom assessment and grading that work.* Alexandria, VA: ASCD.

㊲ Massell, D., Kirst, M., & Hoppe, M. (1997, March 21). Persistence and change: Standards-based systemic reform in nine states. *CPRE Policy Briefs.* Consortium for Policy Research in Education. Retrieved from http://www.cpre.org/sites/default/files/policybrief/862 _rb21.pdf

㊳ Mayfield, V. (2020). *Cultural competence now: 56 exercises to help educators understand and challenge bias, racism, and privilege.* Alexandria, VA: ASCD.

㊴ McDowell, M. (2017). *Rigorous PBL by design: Three shifts for developing confident and competent learners.* Thousand Oaks, CA: Corwin.

㊵ Meier, D. (2002). *Will standards save public education?* Boston: Beacon Press.

㊶ *Mindful* Staff. (2017, December 12). Disrupting systemic whiteness in the mindfulness movement. *Mindful.* Retrieved from www.mindful.org/disrupting-systemic-whiteness-mindfulness-movement/

㊷ Nelson, S. W., & Guerra, P. L. (2011, October). Cultural liaisons serve as bridge between community and school. *Cultural Proficiency.* Learning Forward. Retrieved from http://learningforward.org/wp-content/uploads/2011/10/nelson325.pdf

㊸ O'Day, J. A., & Smith, M. S. (2016). Quality and equality in American education: Systemic problems, systemic solutions. In I. Kirsch & H. Braun (Eds.), *The Dynamics of Opportunity in America (*pp. 297–358). New York: Springer.

㊹ Oluo, I. (2018). *So you want to talk about race.* New York: Seal Press.

㊺ Parsons, C. M. (2018, February 14). Sustained inquiry in PBL as a tool for social justice [blog post]. *PBLWorks,* Buck Institute for Education. Retrieved from www.pblworks.org/blog/sustained-inquiry-pbl-tool-social-justice

❹❻ Ravesi-Weinstein, C. (2020). *Anxious: How to advocate for students with anxiety, because what if it turns out right?* Highland Heights, OH: Times 10 Publications.

㊼ Robison, J. (2018). Academic ranking may motivate some students, alienate others. *Gallup.com.* Retrieved from www.gallup.com/education/239168/academic-ranking-may-motivate-students-alienate-others.aspx

㊽ Rogers, R. J. (2019). *The power of praise: Empowering students through positive feedback.* Author.

❹❾ Sackstein, S. (2015a). *Hacking assessment: 10 ways to go gradeless in a traditional grades school.* Cleveland, OH: Times 10 Publications.

㊿ Sackstein, S. (2015b). *Teaching students to self-assess: How do I help students reflect and grow as learners?* Alexandria, VA: ASCD.

❺❶ Sackstein, S. (2017). *Peer feedback in the classroom: Empowering students to be the experts.* Alexandria, VA: ASCD.

❺❷ Sackstein, S., & Hamilton, C. (2016). *Hacking homework: 10 strategies that inspire learning outside the classroom.* Cleveland, OH: Times 10 Publications.

㊾ Sheehan, K., & Ryan, J. (2017). *Growing a growth mindset: Unlocking character strengths through children's literature.* Lanham, MD: Rowman & Littlefield.

㊾ Starr, J. P. (2019, March 21). Can we keep SEL on course? *Phi Delta Kappan.* Retrieved from http://kappanonline.org/can-we-keep-sel-on-course-social-emotional-learning-starr/

㊾ T. M. B. (2001). [Review of the book *Succeeding with standards: Linking curriculum, assessment, and action planning,* by J. F. Carr & D. E. Harris]. *Harvard Educational Review, 72*(4). Retrieved from https://www.hepg.org/her-home/issues/harvard-educational-review-volume-72-issue-4/herbooknote/succeeding-with-standards_49

㊾ Tatum, B. D. (2017). *Why are all the black kids sitting together in the cafeteria?* (Rev. ed.). New York: Basic Books.

㊾ Tricarico, D. (2017). *The Zen teacher: Creating focus, simplicity, and tranquility in the classroom.* San Diego, CA: Dave Burgess Consulting.

㊾ Tricarico, D. (2018). *Sanctuaries: Self-care secrets for stressed-out teachers.* San Diego, CA: Dave Burgess Consulting.

❶❺ 『ホワイト・フラジリティ──私たちはなぜレイシズムに向き合えないのか？』ロビン・ディアンジェロ／上田勢子訳、明石書店、2021年

❶❻ 『マインドセット「やればできる！」の研究』キャロル・ドゥエック／今西康子訳、草思社、2016年

❸❿ 『アンチレイシストであるためには』イブラム・ケンディ／児島修訳、辰巳出版、2021年

訳注で紹介した本の一覧

・アトウェル、ナンシー『イン・ザ・ミドル』小坂敦子ほか訳、三省堂、2018年
・アラビト、クリスィー・ロマノ『静かな子どもも大切にする』古賀洋一ほか訳、新評論、2021年
・ウィーヴァー、ローラ『エンゲージ・ティーチング――SELを成功に導くための５つの要素（仮題）』高見佐知ほか訳、新評論、2023年予定
・ウィギンズ、アレキシス『最高の授業』吉田新一郎訳、新評論、2018年
・ウィルソン、ジェニほか『増補版「考える力」はこうしてつける』吉田新一郎訳、新評論、2018年
・エンダーソン、マイク『教育のプロがすすめる選択する学び』吉田新一郎訳、新評論、2019年
・岡谷英明編著『学びを創る教育評価』あいり出版、2017年
・キャリック、ベナほか『学びの中心はやっぱり生徒だ！――個別化された学びと思考の習慣（仮題）』中井悠加ほか訳、新評論、2023年近刊
・栗原慎二『教育相談コーディネーター　これからの教育を創造するキーパーソン』ほんの森出版、2020年
・グレイ、ピーター『遊びが学びに欠かせないわけ』吉田新一郎訳、築地書館、2018年
・クーロス、ジョージ『教育のプロがすすめるイノベーション――学校の学びが変わる』白鳥信義ほか訳、新評論、2019年
・コーン、アルフィー『宿題をめぐる神話』友野清文ほか訳、丸善プラネット、2021年
・サックシュタイン、スター『成績をハックする』高瀬裕人ほか、新評論、2018年
・サックシュタイン、スターほか『宿題をハックする』高瀬裕人ほか、新評論、2019年
・サックシュタイン、スター『ピア・フィードバック』田中理紗ほか訳、新評論、2021年
・サックシュタイン、スターほか『一斉授業をハックする』古賀洋一ほか訳、新評論、2022年12月刊

・シナニス、トーニーほか『学校のリーダーシップをハックする』飯村寧史ほか訳、新評論、2021年
・ジョンストン、ピーター『言葉を選ぶ、授業が変わる！』長田友紀ほか、ミネルヴァ書房、2018年
・ジョンストン、ピーター『オープニングマインド』吉田新一郎訳、新評論、2019年
・ジョンストン、ピーターほか『国語の未来は「本づくり」』マーク・クリスチャンソンほか訳、新評論、2021年
・ズィヤーズ、ジェフ『学習会話を育む』北川雅浩ほか訳、新評論、2021年
・スプレンガー、マリリー『感情と社会性を育む学び（SEL）——子どもの、今と将来が変わる』大内朋子ほか訳、新評論、2022年
・スペンサー、ジョンほか『あなたの授業が子どもと世界を変える』吉田新一郎訳、新評論、2020年
・タバナー、キャシーほか『好奇心のパワー』吉田新一郎訳、新評論、2017年
・デューク、マイロン『聞くことから始めよう！——やる気を引き出し、学習意欲を高める評価』（仮題）吉川岳彦ほか訳、さくら社、2023年近刊
・ドーソン、ジェラルド『読む文化をハックする』山元隆春ほか訳、新評論、2021年
・トープ、リンダほか『PBL 〜学びの可能性をひらく授業づくり』伊藤通子ほか訳、北大路書房、2017年
・トムリンソン、キャロル『ようこそ、一人ひとりをいかす教室へ』山崎敬人ほか訳、北大路書房、2017年
・トムリンソン、キャロルほか『一人ひとりをいかす評価』山元隆春ほか訳、北大路書房、2018年
・トムリンソン、キャロル『だから、みんなが羽ばたいて——生徒中心の教室の「原則」と「実践」』（仮題）谷田美尾ほか訳、新評論、2023年近刊
・ハミルトン、コニー『質問・発問をハックする』山﨑亜矢ほか訳、新評論、2021年
・バロン、ローリーほか『「居場所」のある学級・学校づくり』山﨑めぐみほか、新評論、2022年
・ピアス、チャールズ『だれもが科学者になれる！』門倉正美ほか訳、

新評論、2020年
・ブース、デイヴィット『私にも言いたいことがあります！』飯村寧史ほか訳、新評論、2021年
・フレイ、ナンシーほか『学びはすべてSEL』山田洋平ほか訳、新評論、2023年近刊
・プロジェクト・ワークショップ編『社会科ワークショップ』新評論、2021年
・プロジェクト・ワークショップ編『改訂版　読書家の時間』新評論、2022年
・プロジェクト・ワークショップ編『増補版　作家の時間』新評論、2018年
・ボス、スージーほか『プロジェクト学習とは』池田匡史ほか訳、新評論、2021年
・メイナード、ネイサンほか『生徒指導をハックする——育ちあうコミュニティーをつくる「関係修復のアプローチ」』高見佐知ほか訳、新評論、2020年。
・吉田新一郎『いい学校の選び方』中公新書、2004年
・吉田新一郎『テストだけでは測れない！』NHK生活人新書、2007年
・吉田新一郎『読み聞かせは魔法！』明治図書出版、2018年
・リトキー、デニス『一人ひとりを大切にする学校る——生徒・教師・保護者・地域がつくる学びの場』杉本智昭ほか訳、築地書館、2022年
・レヴィスティック、リンダ・Sほか『歴史をする』松澤剛ほか訳、新評論、2021年
・ロススタイン、ダンほか『たった一つを変えるだけ』吉田新一郎訳、新評論、2015年

訳者紹介

中井悠加（なかい・ゆか）
島根県立大学で初等国語教育や保育内容（言葉）、読み聞かせの授業を担当しています。子どもたちが新しいことに挑戦するなかでくり返す発見と学びの喜びを分かち合い、それを適切に評価できる学校の実現を望んでいる者の一人です。博士（教育学）。

山本佐江（やまもと・さえ）
帝京平成大学准教授。東京で公立小学校の教員をしていた間、ずっと疑問を感じていた評価についてより深く学びたいと思い、東北大学大学院教育学研究科教育設計評価専攻にて学ぶ。博士（教育学）。

吉田新一郎（よしだ・しんいちろう）
著者のスターさんの本（これが邦訳5冊目！）にはすべて、日本の教育が見過ごしている大切なことが書かれています。本書は、評価の観点で重要なだけでなく、人として欠かせない要素も満載です！問い合わせは、pro.workshop@gmail.com宛にお願いします。

成績だけが評価じゃない
──感情と社会性を育む（SEL）ための評価──

2023年1月31日　初版第1刷発行

訳　者　中　井　悠　加
　　　　山　本　佐　江
　　　　吉　田　新　一　郎

発行者　武　市　一　幸

発行所　株式会社　新　評　論

〒169-0051
東京都新宿区西早稲田3-16-28
http://www.shinhyoron.co.jp

電話　03(3202)7391
FAX　03(3202)5832
振替・00160-1-113487

落丁・乱丁はお取り替えします。
定価はカバーに表示してあります。

印刷　フォレスト
装丁　山田英春
製本　中永製本所